中华人民共和国行业标准

《小交通量农村公路工程技术标准》难点解析与应用

ANALYSIS ON THE DIFFICULTIES AND APPLICATION OF TECHNICAL STANDARD OF LOW VOLUME RURAL HIGHWAY ENGINEERING

JTG 2111—2019

宋　琦　刘正祥　朱文喜　郑　昊　牟　凯　著

人民交通出版社股份有限公司
China Communications Press Co.,Ltd.

图书在版编目(CIP)数据

《小交通量农村公路工程技术标准》难点解析与应用/宋琦等著. — 北京：人民交通出版社股份有限公司，2019.4

ISBN 978-7-114-15458-4

Ⅰ. ①小… Ⅱ. ①宋… Ⅲ. ①农村道路—道路工程—道路施工—技术标准—应用—中国 Ⅳ. ①U415

中国版本图书馆 CIP 数据核字(2019)第 063819 号

书　　名：《小交通量农村公路工程技术标准》难点解析与应用
著 作 者：宋　琦　刘正祥　朱文喜　郑　昊　牟　凯
责任编辑：王　丹
责任校对：刘　芹
责任印制：张　凯
出版发行：人民交通出版社股份有限公司
地　　址：(100011)北京市朝阳区安定门外外馆斜街 3 号
网　　址：http://www.ccpress.com.cn
销售电话：(010)59757973
总 经 销：人民交通出版社股份有限公司发行部
经　　销：各地新华书店
印　　刷：中国电影出版社印刷厂
开　　本：787 × 1092　1/16
印　　张：4.25
字　　数：80 千
版　　次：2019 年 4 月　第 1 版
印　　次：2019 年 5 月　第 2 次印刷
书　　号：ISBN 978-7-114-15458-4
定　　价：48.00 元

序

《小交通量农村公路工程技术标准》(JTG 2111—2019,下称《标准》)于2019年6月1日起正式实施,是公路工程行业标准。

十八大以来,习近平总书记多次就“四好农村路”建设作出重要指示。2018年中央一号文件提出了实施乡村振兴的战略安排,国家大力发展农村经济,把解决“三农”问题放在经济社会发展全局的突出位置,农村公路建设取得了长足的进步。截至2018年,全国农村公路总里程达405万km,亿万农民群众切实感受到了农村交通的巨大改变。然而,农村公路发展各地差异较大,水平参差不齐,存在个别技术指标低于现行《公路工程技术标准》(JTG B01)规定的情况,主要表现为:平纵指标不符合现行标准要求;路基路面宽度不足;路基强度不足,压实度缺乏控制,路面偏薄,公路耐久性不足;路面结构材料类型单一,经济性较差;部分公路缺乏安全设施,公路运行安全性不足;防排水设施设置不足或缺失,公路防灾抗灾能力弱;部分桥梁设计荷载等级偏低,建设不规范。为更好地规范和指导农村公路建设,保证工程质量和安全,提升工程耐久性,特制定《标准》。

《标准》根据各地区域环境和工程特点,遵循因地制宜、安全可靠、经济环保、节约资源的原则制定,填补了我国对受地形地貌限制、对环保要求日益提高的小交通量农村公路无适用标准的空白,是对现行《公路工程技术标准》(JTG B01)必要的补充和完善,其适用性和指导性更强。

《标准》指标体系的建立对农村公路建设具有针对性,完善了农村公路技术管理体系,规范了我国小交通量农村公路工程建设,对强化技术支撑,推进“四好农村路”高质量发展,扩大农村公路网络覆盖程度起到了积极的指导和推动作用。

为便于工程一线人员学习掌握《标准》,本书对《标准》的重点和难点内容进行了分析和总结,并辅以工程实践中的常见案例,力求简明扼要、通俗实用。本书在编写过程中,得到了诸多交通同行的支持与帮助,在此一并表示衷心的感谢。由于编写和出版时间仓促,以及作者水平所限,书中难免存在疏漏与不妥之处,敬请广大读者批评指正。

作 者

2019年3月

目　　次

第 1 章　路线

1.1　主要内容

《标准》第 4 章对四级公路（Ⅰ类）、四级公路（Ⅱ类）的平面、纵断面、横断面的相关技术指标进行了规定。主要内容包括：行车道宽度、路肩宽度、错车道尺寸及布设原则、行车视距、圆曲线最小半径、平曲线超高加宽、最大纵坡、最小坡长、平均纵坡、竖曲线最小半径等。

《标准》第 4 章的重点是对车道宽度、圆曲线最小半径、最大纵坡、平均纵坡等关键性指标进行了计算、调研和分析论证，并做出了相应的规定。

1.2　解析与应用

1.2.1　一般规定

《标准》摘选

4.0.1　路线设计应符合下列规定：

1　选线应结合区域环境、地质、水文条件，合理利用地形，满足使用功能，保证安全。

2　应综合考虑平、纵、横要素，整体均衡，并注重与环境和自然景观的协调。

3　大桥及中长隧道应为路线走向控制点，中小桥、短隧道及一般构造物的设置应服从路线走向。

4　圆曲线半径较小或纵坡较大的路段，应设置速度控制设施。

《标准》4.0.1 条从选线原则、指标运用原则、路线与构造物协调、安全性控制等方面提出了一般性要求，为《标准》第 4 章的运用提出了总体要求。

1.2.2 车道宽度和路肩宽度的规定

《标准》摘选

4.0.2 车道宽度和路肩宽度应符合表4.0.2的规定。对需要设置安全设施的路段，路肩宽度尚应满足安全设施设置所需的宽度。

表4.0.2 车道宽度及路肩宽度

公路等级	四级公路（Ⅰ类）	四级公路（Ⅱ类）
车道数	2	1
车道宽度（m）	3.0	3.5
路肩宽度（m）	0.25	0.50

1.2.2.1 编制说明

《标准》4.0.2条为《标准》提出的农村公路技术等级明确了行车道及路肩宽度。行车道宽度通过现场调研，结合农村地区的实际需求确定。

重庆市单车道农村公路行车道宽度为3.5m的占比最高，达37%；其次为行车道宽度为4.5m的，占比18%；行车道宽度小于或等于4.5m的占比59.7%；小于或等于5.5m的占比97.5%；行车道与路基同宽的单车道公路占比47.9%。

福建省农村公路行车道宽度以3.5m和4.5m为主，分别占52%和39%；行车道宽度在5.5m以内的农村公路占比96%；行车道与路基同宽的农村公路约占40%。

甘肃省农村公路行车道宽度分布相对分散，其中行车道宽度为4m的占比最高，为45%，其次是行车道宽度为4.5m的占25%；行车道宽度在5.5m以下的比例为90%。甘肃省农村公路路基与行车道均不同宽，大部分行车道宽度比路基宽度小1m。

贵州省农村公路行车道宽度以3.5m和4.5m为主，分别占49%和38%，行车道宽度在5.5m以内的农村公路占比100%。贵州现场调研的三个县中行车道与路基同宽的农村公路约占25%，大部分路段行车道宽度比路基宽度小1m。

河北省农村公路行车道宽度分布相对较广、较为分散，其中行车道宽度为3.5m的占比最高，为45%，其次为行车道宽度为4.0m的占17%，行车道宽度在5.5m以下的比例为62%。河北省农村公路路基与行车道均不同宽，行车道宽度比路基宽度小1m或1.5m。

综上，调研地区单车道农村公路行车道宽度以3.5m居多，其次是4.5m，行车道宽度最小为3.5m；双车道农村公路行车道宽为2×3.0m。现有的行车道宽度均能够满足实际使用需求。因此《标准》对四级公路（Ⅰ类）行车道宽度确定为2×3.0m，四级公路（Ⅱ类）行车道宽度确定为3.5m。

路肩的作用是保护行车道结构的稳定，提供侧向余宽，因此路肩是必不可少的。《标准》4.0.2条规定了路肩最小宽度，同时还应满足交通安全设施设置需要以及不同路面结构对路肩的要求。

现场调研发现，部分地区农村公路存在路面满铺、不设路肩的现象，这样缺少了对路面的必要保护，极易造成路面被雨水淘空的情况，见图1.1。

1.2.2.2　应用指南

《标准》规定的是车道和路肩的最小值，对四级公路（Ⅱ类）车道宽度，行车道可采用3.5m、4.5m、5.0m三种宽度。其中4.5m宽的行车道可实现两辆小汽车低速错车，5.0m宽的行车道可实现小汽车和中型货车低速错车，建议根据地形条件灵活选用。参考重庆市经验，行车道宽度可根据地形地质条件灵活控制，可采用不等宽形式。路肩宽度必须保证，不可取消，不能以满铺路面来代替，见图1.2。

图1.1　没有路肩保护的路面被淘空

图1.2　标准的农村公路

1.2.3　错车道的规定

《标准》摘选

4.0.3　单车道公路应设置错车道。错车道宜保持通视，每公里设置不宜少于3处；对于不通视路段，间距不宜大于200m。错车道路段尺寸宜符合表4.0.3的规定，平面布置如图4.0.3所示。

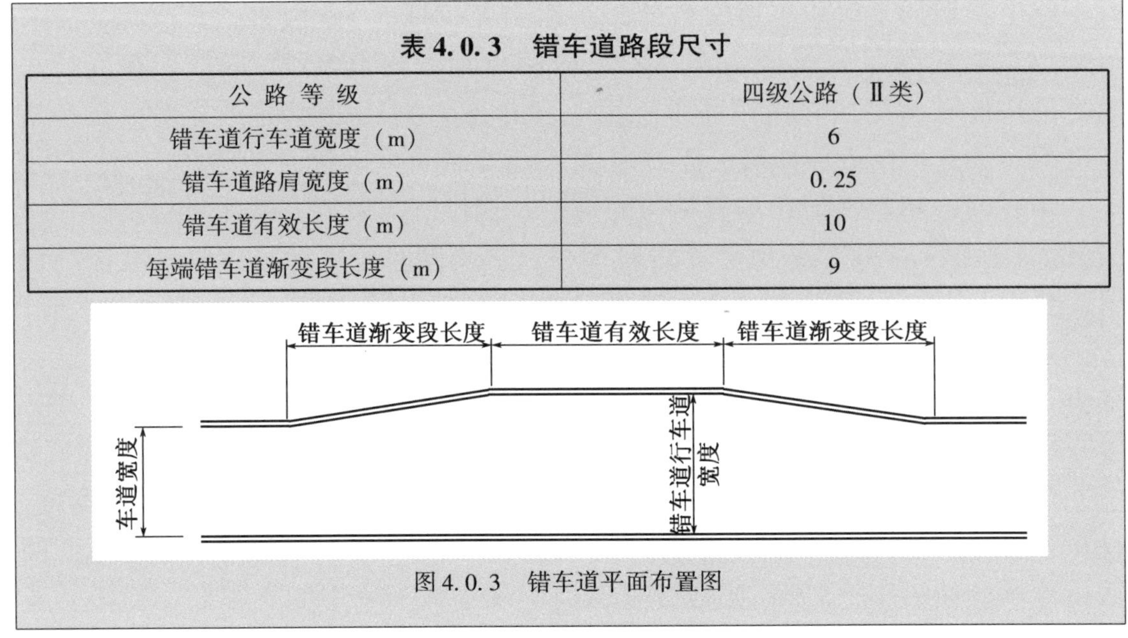

表 4.0.3　错车道路段尺寸

公 路 等 级	四级公路（Ⅱ类）
错车道行车道宽度（m）	6
错车道路肩宽度（m）	0.25
错车道有效长度（m）	10
每端错车道渐变段长度（m）	9

图 4.0.3　错车道平面布置图

1.2.3.1　编制说明

错车道是采用单车道路基时，为错车而设置的。错车道几何尺寸经计算及现场测试验证综合确定；错车道间距结合现场调研、座谈及参考各地方意见综合确定。

根据各等级道路适应的车型情况，经过计算，确定不同等级的道路所需错车道的有效长度和过渡段长度，计算结果见表 1.1。

表 1.1　错车道尺寸计算表

公路等级	行车道宽度（m）	错车道行车道宽度（m）	计算渐变段长度（m）	选取渐变段长度（m）	计算有效段长度（m）	选取有效段长度（m）
四级公路（Ⅱ类）	3.50	6.00	7.39	9.00	8.00	10.00

错车道设置相对规范的省市为重庆市和贵州省。经调研，重庆市三个区县路基宽度 6.5m（不含）以下的农村公路全部设置了错车道，路基宽度 6.5m（含）以上的农村公路均未设置错车道。綦江区和云阳县错车道路基宽度基本为 6.5m，彭水县大部分为 6m。大部分公路按照每公里 3 处设置错车道，存在小部分错车道间距达到 1km 以上的情况。贵州省三个区县调研农村公路中，单车道农村公路全部设置了错车道，70% 错车道路基宽度约 6.0m，其余为 6.0m 以上。六枝特区错车道的设置间距基本在 500m 左右，印江县和仁怀市的大部

分农村公路按照每公里3处设置错车道，存在小部分错车道间距达到1km以上的情况。福建省、河北省设置错车道的比例非常低，在10%左右。在甘肃省的两个地区未调研到错车道数据；礼县设置错车道的比例达到83.6%，但设置间距不规范，从几百米至几公里不等。

从调研情况来看，我国错车道设置还不够规范，差异性比较大。从调研地区座谈情况来看，普遍认可对错车道每公里不宜少于3处、错车道路基宽6.5m的做法。

由于各地对错车道尺寸设置存在较大的差异，现场测试验证离散性较大，从现场测试验证结果来看，错车道长度大于10m，能够满足中型载重汽车及以下汽车的错车，见图1.3。

1.2.3.2　应用指南

错车道的间距设置各地方差异较大，制定统一标准也不符合实际，因此结合各地方调研情况，本条提出错车道间距的建议值，各地方可根据交通量、通视条件、车辆组成情况灵活确定。错车道尺寸是按中型载重汽车计算而来，对于特殊困难路段，也可根据通行车辆，经计算适当调整，见图1.4。

图1.3　在错车道上错车

图1.4　错车道

1.2.4　路基宽度的规定

1.2.4.1　编制说明

《标准》4.0.4条明确了路基宽度所包含的内容，具体宽度由行车道、路肩及汽车停靠站、停车带、错车道等的宽度共同组成。

《标准》摘选

4.0.4　路基宽度为行车道宽度与路肩宽度之和，典型横断面如图4.0.4-1和图4.0.4-2所示。

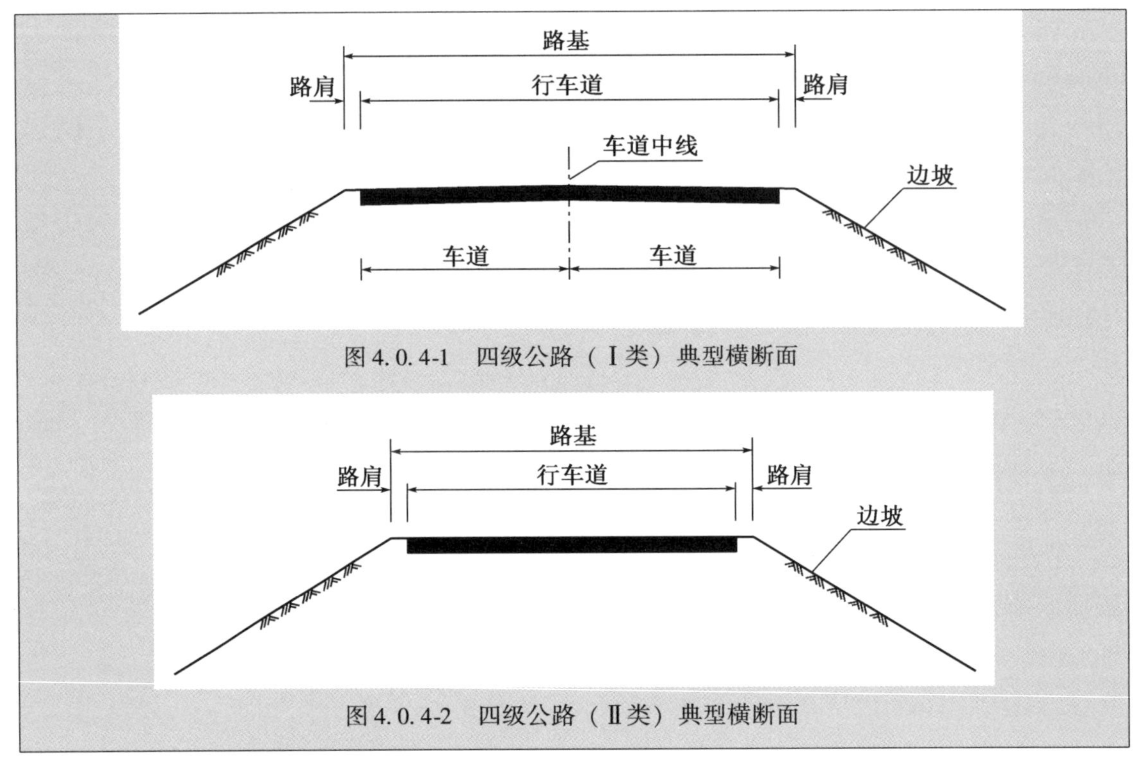

图 4.0.4-1　四级公路（Ⅰ类）典型横断面

图 4.0.4-2　四级公路（Ⅱ类）典型横断面

1.2.4.2　应用指南

《标准》4.0.4 条为路基典型断面，四级公路（Ⅰ类）宜采用双向路拱，四级公路（Ⅱ类）宜采用单向路拱。

1.2.5　视距的规定

《标准》摘选

4.0.5　视距应符合下列规定：

1　停车视距、会车视距与超车视距不应小于表 4.0.5 的规定。

表 4.0.5　停车视距、会车视距与超车视距

设计速度（km/h）	15
停车视距（m）	15
会车视距（m）	30
超车视距（m）	75

1.2.5.1　编制说明

《标准》4.0.5 条对设计速度为 15km/h 时的停车视距、会车视距和超车视距进行了规定，为平、纵、横相关指标的确定提供了依据，具体数值经计算选取。

停车视距是汽车在同一车道遇到障碍（如路面破坏或其他障碍物在地面以上0.10m）必须及时停车时，驾驶员（驾驶员视线高度：对于小车，眼高为1.20m；对于货车，眼高为2.00m）可能看到的距离。

停车视距由两部分组成：①驾驶员在反应时间内行驶的距离；②开始采取制动到制动停止所行驶的距离，即制动距离。按式（1.1）计算。

$$S_{停} = \frac{v}{3.6}t + \frac{(v/3.6)^2}{2gf_1} \tag{1.1}$$

式中：v——计算行车速度（km/h）；

f_1——纵向摩阻系数，取潮湿状态下车速20km/h及以下的系数为0.44；

t——驾驶员反应时间，取2.5s。

参照国内外的普遍做法，会车视距取停车视距的2倍，超车视距取停车视距5倍。计算及选取结果见表1.2。

表1.2　停车视距计算表

项　　目	计　算　值	选　取　值
设计速度（km/h）	15	
停车视距（m）	12.4	15
会车视距（m）	24.8	30
超车视距（m）	62	75

1.2.5.2　应用指南

本指标按平坡、潮湿路面、小汽车计算，并考虑一定安全距离确定。由于设计速度较低，经计算验证，货车下坡时的视距也可按表1.2采用。对于四级公路（Ⅰ类），还应考虑超车需求，见图1.5、图1.6。对于冰雪地区，由于地面摩擦系数受多种因素影响，使用时需自行计算。

图1.5　虚线的路段是具备超车视距的路段

图1.6　虚线的路段是具备超车视距的路段

1.2.6 圆曲线半径的规定

《标准》摘选

4.0.6 圆曲线最小半径应符合表4.0.6的规定。

表4.0.6 圆曲线最小半径

设计速度（km/h）		15
极限最小半径（m）	双车道	15
	单车道	12（10）
一般最小半径（m）		20
不设超高最小半径（m）	路拱≤2%	90
	路拱＞2%	120

1.2.6.1 编制说明

本条为四级公路（Ⅰ类）、四级公路（Ⅱ类）明确了极限最小半径、一般最小半径和不设超高的最小半径，具体数值经计算并结合现场调研情况、现场测试验证结论综合确定。

参考《公路工程技术标准》（JTG B01—2014）圆曲线最小半径的指标，按式（1.2）计算：

$$R = \frac{v^2}{127(\varphi + i_h)} \tag{1.2}$$

式中：R——圆曲线半径（m）；

v——设计速度（km/h）；

φ——横向摩阻系数；φ 的最大值一般取0.17；

i_h——超高值。

计算极限最小半径时，$\varphi = 0.17$；

计算一般最小半径时，$\varphi = 0.05$，$i_h = 0.04$；

计算不设超高的最小半径时，$\varphi = 0.036$，$i_h = -0.015$（路拱≤2%时）；$\varphi = 0.041$，$i_h = -0.025$（路拱＞2%）。

根据式（1.2），计算结果见表1.3。

表 1.3 圆曲线最小半径计算表 1

<table>
<tr><th colspan="2">项 目</th><th>计 算 值</th><th>选 取 值</th></tr>
<tr><td colspan="2">设计速度（km/h）</td><td colspan="2">15</td></tr>
<tr><td rowspan="2">最大超高对应的极限最小半径（m）</td><td>6%</td><td>7.70</td><td>12</td></tr>
<tr><td>4%</td><td>8.44</td><td>12</td></tr>
<tr><td colspan="2">一般最小半径（m）</td><td>19.69</td><td>20</td></tr>
<tr><td rowspan="2">不设超高最小半径（m）</td><td>路拱≤2%</td><td>84.36</td><td>90</td></tr>
<tr><td>路拱>2%</td><td>110.73</td><td>120</td></tr>
</table>

对于低速运行的车辆，按式（1.2）计算的最小半径偏小，最小半径还应满足车辆的实际转弯能力（图 1.7），计算如式（1.3）~式（1.8）。

$$W = R_0 - r_2 \tag{1.3}$$

$$R_0 = R + x \tag{1.4}$$

$$R = \sqrt{(L + d)^2 + (r + b)^2} \tag{1.5}$$

$$r_2 = r - y \tag{1.6}$$

$$r = \sqrt{r_1^2 - L^2} - \frac{b + m}{2} \tag{1.7}$$

$$r_1 = L/\sin\alpha \tag{1.8}$$

按式（1.3）~式（1.8）计算及选定结果见表 1.4。

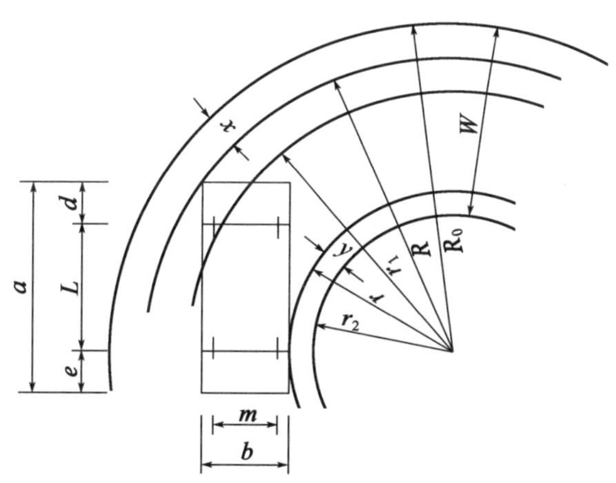

图 1.7 圆曲线计算几何图

表 1.4 圆曲线最小半径计算表 2

符号	项 目	小客车	农用车	轻型货车	中型货车	中型客车
a	车长（m）	6.00	6.00	6.00	8.00	7.00
b	车宽（m）	1.80	2.00	2.00	2.50	2.30
d	前悬长度（m）	0.80	1.15	1.10	1.50	1.20

续上表

符号	项　　目	小客车	农用车	轻型货车	中型货车	中型客车
e	后悬长度（m）	1.40	1.55	1.50	2.00	1.50
L	轴距（m）	3.80	3.30	3.40	4.50	4.30
m	轮距（m）	1.60	1.80	1.80	2.20	2.10
α	转向角（°）	31.00	31.00	31.00	31.00	31.00
	$L+d$（m）	4.60	4.45	4.50	6.00	5.50
x	汽车最外点至环道外边距离（m）	0.25	0.25	0.25	0.25	0.25
y	汽车最内点至环道内边距离（m）	0.25	0.25	0.25	0.25	0.25
r_1	汽车外侧前轮最小转弯半径（m）	7.38	6.41	6.60	8.74	8.35
r	汽车环行内半径（m）	4.62	3.59	3.76	5.14	4.96
	$b+r$（m）	6.42	5.59	5.76	7.64	7.26
R	汽车环行外半径（m）	7.90	7.15	7.31	9.71	9.11
r_2	环道内半径（m）	4.37	3.34	3.51	4.89	4.71
R_0	环道外半径（m）	8.15	7.40	7.56	9.96	9.36
W	环道最小宽度（m）	3.78	4.05	4.05	5.07	4.65
	环道中心半径（m）	6.40	5.65	5.81	7.71	7.11
	单车道最小半径选定（m）	10.00	10.00	10.00	12.00	12.00
	双车道最小半径选定（m）				15.00	15.00

以重庆市三个区县——彭水县、綦江区及云阳县为调研对象。调研里程分别为215.924km、97.925km、180.958km，共计494.807km。在重庆市，小半径曲线使用频繁：彭水县圆曲线半径小于10m的有66处，最小圆曲线半径值为6m；綦江区圆曲线半径小于10m的有148处，最小圆曲线半径值为4m；云阳县圆曲线半径小于10m的有94处，最小圆曲线半径值为4m。重庆市三个区县圆曲线半径小于10m的共计308处，半径大于或等于10m、小于15m的共计519处，半径大于或等于15m的共计2010处。详见表1.5。

表1.5　重庆市三区县圆曲线半径分布情况表

圆曲线半径	15m≤R	10m≤R<15m	R<10m	合计
半径数（处）	2010	519	308	2837
占比（%）	70.85	18.29	10.86	100
累计占比（%）	70.85	89.14	100	

以福建省三个市县——永春县、龙岩市及宁德市为调研对象。调研里程分别为55.009km、95.836km、80.267km，共计231.112km。在福建省，小半径曲线使用也频繁，圆曲线半径小于10m的：永春县0处，最小圆曲线半径值为

10m；龙岩市180处，最小圆曲线半径值为8m；宁德市44处，最小圆曲线半径值为7m。福建省三个市县圆曲线半径小于10m的共计224处，半径大于或等于10m、小于15m的共计561处，半径大于或等于15m的共计1958处。详见表1.6。

表1.6　福建省三市县圆曲线半径分布情况表

圆曲线半径	15m≤R	10m≤R<15m	R<10m	合　计
半径数（处）	1958	561	224	2743
占比（%）	71.38	20.45	8.17	100
累计占比（%）	71.38	91.83	100	

以甘肃省三个区县——安定区、广河县、礼县为调研对象。调研里程分别为267.972km、324.394km、260.163km，共计852.529km。在甘肃省，小半径曲线使用相对山区较少，圆曲线半径小于10m的：安定区2处，最小圆曲线半径值为8m；广河县2处，最小圆曲线半径值为8m；礼县48处，最小圆曲线半径值为6m。甘肃省三个区县圆曲线半径小于10m的共计52处，半径大于或等于10m、小于15m的共计260处，半径大于或等于15m的共计1596处。详见表1.7。

表1.7　甘肃省三区县圆曲线半径分布情况表

圆曲线半径	15m≤R	10m≤R<15m	R<10m	合　计
半径数（处）	1596	260	52	1908
占比（%）	83.65	13.63	2.73	100
累计占比（%）	83.65	97.27	100	

以贵州省三个市区县——六枝特区、仁怀市、印江县为调研对象。调研里程分别为163.44km、264.42km、196.93km，共计624.79km。在贵州省，小半径曲线使用也频繁，圆曲线半径小于10m的：六枝特区42处，最小圆曲线半径值为8m；仁怀市6处，最小圆曲线半径值为8m；印江县142处，最小圆曲线半径值为7.5m。贵州省三个市区县圆曲线半径小于10m的共计190处，半径大于或等于10m、小于15m的共计595处，半径大于或等于15m的共计1973处。详见表1.8。

表1.8　贵州省三市区县圆曲线半径分布情况表

圆曲线半径	15m≤R	10m≤R<15m	R<10m	合　计
半径数（处）	1973	565	190	2758
占比（%）	71.54	21.57	6.89	100
累计占比（%）	71.54	93.11	100	

以河北省三个县——易县、滦平县及涉县为调研对象。调研里程分别为251.704km、79.894km、104.679km，共计436.277km。在河北省，小半径曲线使用相对山区较少，圆曲线半径小于10m的：易县0处，最小圆曲线半径值为12m；滦平县28处，最小圆曲线半径值为7m；涉县14处，最小圆曲线半径值为9m。河北省三个县圆曲线半径小于10m的共计42处，半径大于或等于10m、小于15m的共计186处，半径大于或等于15m的共计717处。详见表1.9。

表1.9　河北省三县圆曲线半径分布情况表

圆曲线半径	$15m \leq R$	$10m \leq R < 15m$	$R < 10m$	合　计
半径数（处）	717	186	42	945
占比（%）	75.87	19.68	4.44	100
累计占比（%）	75.87	95.56	100	

由调研资料可见，山区农村公路小半径圆曲线使用频繁，尤其是重庆市，福建省、贵州省山区农村公路圆曲线半径小于10m的均在200处左右，重庆市达到了308处。最小圆曲线半径偏小是目前山区农村公路普遍存在的问题，对于行车安全及通行能力都有较大影响。

现场测试验证表明，在设计车速为15km/h的情况下，各种设计车型的测试车辆均能通过的半径为12m圆曲线，轻型载重汽车的测试车辆均能通过的半径为10m圆曲线。

根据以上两种计算结果，结合现场调研情况及测试结论，考虑一定安全因素，确定了四级公路（Ⅱ类）最终的规定值。对于四级公路（Ⅰ类），双车道加宽值是在设计中线向内侧加宽，外侧车道边缘线是固定的，以表1.4中型货车数据来计算，设计中线半径R_s见式（1.9）：

$$\begin{aligned} R_s &= r_2 + 2 \times W - 3 \\ &= 4.89 + 2 \times 5.07 - 3.0 \\ &= 12.03(m) \end{aligned} \tag{1.9}$$

考虑一定的安全因素，双车道极限最小半径确定为15m。

1.2.6.2　应用指南

当交通组成中无中型载重汽车和中型客车时，单车道极限最小半径可采用《标准》表4.0.6中括号内数值。一般最小半径为正常情况下采用值，极限最小半径为条件受限时可采用的值，见图1.8、图1.9。

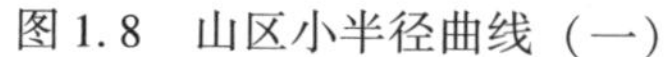

图1.8　山区小半径曲线（一）

图1.9　山区小半径曲线（二）

1.2.7　超高的规定

《标准》摘选

4.0.7　圆曲线半径小于表4.0.6“不设超高最小半径”时，应设置圆曲线超高。圆曲线最大超高应采用4%。

1.2.7.1　编制说明

本条明确最大超高值，四级公路（Ⅰ类）、四级公路（Ⅱ类）的设计速度为15km/h时，当$\varphi=0.11$，$R=12\text{m}$时，按式（1.2）计算$i_h=3.7\%$。因此最大超高不应大于4%是合适的。

1.2.7.2　应用指南

《标准》规定的设计速度较低，超高值不宜过大。

1.2.8　加宽的规定

《标准》摘选

4.0.8　圆曲线半径小于或等于250m时，应在平曲线内侧加宽，加宽值应符合表4.0.8的规定。

表4.0.8　平曲线加宽值（m）

曲线半径	250～≥200	<200～≥150	<150～≥100	<100～≥70	<70～≥50	<50～≥30	<30～≥25	<25～≥20	<20～≥15	<15～≥10
四级公路（Ⅰ类）	0.40	0.50	0.70	0.90	1.20	1.80	2.00	2.60	3.20	—
四级公路（Ⅱ类）	0.20	0.25	0.35	0.45	0.60	0.90	1.00	1.30	1.60	2.30

1.2.8.1 编制说明

依据《标准》中规定的设计车辆尺寸，明确不同技术等级的农村公路在不同半径下的曲线加宽值，具体数值根据所通行的车辆尺寸经计算确定。

平曲线加宽是指为满足汽车在平曲线上行驶时后轮偏向曲线内侧的需要，平曲线内侧相应增加路基行车道宽度。汽车行驶在平曲线上，各轮迹半径不同，其中后内轮轨迹半径最小，且偏向曲线内侧，故曲线内侧应增加行车道路基宽度，以确保行车的安全与舒适。

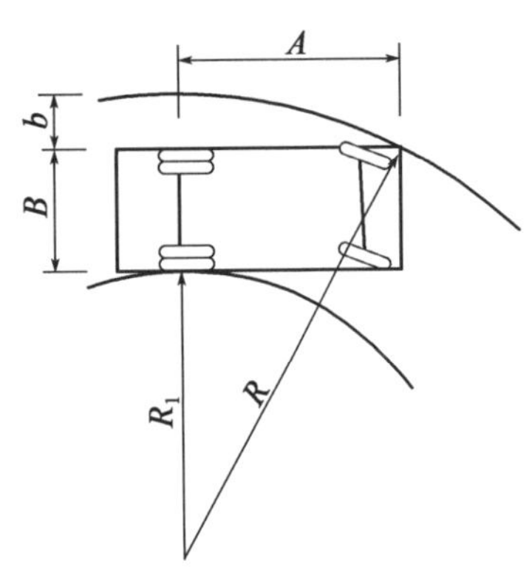

图 1.10 加宽值计算几何关系图

加宽值可由如图 1.10 所示的几何关系，按式（1.10）~式（1.14）计算求得。

$$b = R - (R_1 + B) \tag{1.10}$$

$$R_1 + B = \sqrt{R^2 - A^2} = R - \frac{A^2}{2R} - \frac{A^4}{8R^3} - \cdots \tag{1.11}$$

$$b = \frac{A^2}{2R} + \frac{A^4}{8R^3} + \cdots \tag{1.12}$$

上式第二项以后数值很小，可忽略不计，则一条车道的加宽值为：

$$b_{单} = \frac{A^2}{2R} \tag{1.13}$$

由于加宽还与车速有关，需考虑由于车速而产生的汽车摆动宽度值，故单个车道加宽值计算公式为

$$b_{单} = \frac{A^2}{2R} + \frac{0.1v}{\sqrt[2]{R}} \tag{1.14}$$

式中：A——汽车轴距加前悬（m），四级公路（Ⅰ类）加宽采用中型载重汽车数据 $A = 6.0$m，四级公路（Ⅱ类）加宽采用小客车数据 $A = 4.6$m；

R——圆曲线半径（m）；

v——计算行车速度（km/h）。

3.5m 宽的车道四级公路（Ⅱ类）加宽值经计算并取整结果见表 1.10。

表 1.10 曲线加宽计算表（m）

曲线半径	250 ~ 200	<200 ~ 150	<150 ~ 100	<100 ~ 70	<70 ~ 50	<50 ~ 30	<30 ~ 25	<25 ~ 20	<20 ~ 15	<15 ~ 10
四级公路（Ⅱ类）加宽计算值	0.20	0.24	0.33	0.44	0.57	0.87	1.02	1.24	1.59	2.27
四级公路（Ⅱ类）加宽选取值	0.20	0.25	0.35	0.45	0.60	0.90	1.00	1.30	1.60	2.30

对于双车道的四级公路（Ⅰ类），采用四级公路（Ⅱ类）加宽值的2倍。

1.2.8.2　应用指南

加宽值是按中型货车计算，如无中型载重汽车通行需求，可根据通行车型自行计算。

1.2.9　最大纵坡及高原纵坡折减的规定

《标准》摘选

4.0.9　最大纵坡应符合下列规定：

1　一般路段最大纵坡不应大于12%。对交通组成中无中型载重汽车和中型客车的四级公路（Ⅱ类），经论证并在保证安全的前提下，最大纵坡可增加2个百分点。

2　积雪冰冻地区最大纵坡不应大于8%。

3　回头曲线纵坡不应大于6%。

4　村镇路段纵坡不宜大于5%。

5　应避免小半径圆曲线与大纵坡相重合的线形。

4.0.11　在海拔3000m以上的高原地区，最大纵坡值应按表4.0.11的规定折减。

表4.0.11　高原纵坡折减值

海拔（m）	3000～4000	4000～5000	5000以上
折减值（%）	1	2	3

1.2.9.1　编制说明

为不同等级的农村公路确定最大纵坡。最大纵坡根据现场调研情况，参考国外相关乡村道路，经计算分析论证而确定。

汽车的稳定速度爬坡时坡度与汽车比功率关系可按式（1.15）、式（1.16）计算：

$$g\sin\theta \cdot v + \frac{KAv^2}{21.15m} \cdot v + gf\cos\theta \cdot v = \eta \frac{p}{m} \tag{1.15}$$

$$i = \tan\theta \tag{1.16}$$

式中：m——汽车满载质量（t）；

g——重力加速度，$g = 9.8\text{m/s}^2$；

θ——坡面角度；

i——坡度（%）；

K——空气阻力系数，取0.9；

A——汽车迎风面积（m^2），$A = 2.5 \times 3.8$（m^2）；

v——稳定爬坡速度（m/s）；

f——滚动摩擦系数，取0.015；

η——机械效率，取0.85；

p/m——比功率（kW/t）；

交通运输行业标准《营运货车安全技术条件　第1部分：载货汽车》（JT/T 1178.1—2018）中4.1条规定“载货汽车的比功率应大于等于于6.0kW/t。”因此，进行最大纵坡计算时，令 $p/m = 6.0$ 时，计算各纵坡情况下稳定爬坡速度 v 见表1.11。

表1.11　稳定爬坡速度计算表

纵坡（%）	稳定爬坡速度（km/h）	纵坡（%）	稳定爬坡速度（km/h）
9	19.73	12.5	14.68
9.5	18.80	13	14.16
10	17.96	13.5	13.68
10.5	17.19	14	13.24
11	16.48	14.5	12.82
11.5	15.83	15	12.43
12	15.23		

从表1.11可以看出，纵坡为12%时，汽车稳定爬坡速度达到15.23km/h；纵坡为15%时，汽车稳定爬坡速度达到12.43km/h；按货车实际最低运行速度可以比设计速度低5km/h考虑，设计速度为20km/h时的最大纵坡可以不大于12%，设计速度为15km/h时的最大纵坡可以不大于15%。

调查统计重庆市道路60条，里程313.845km，最大纵坡值26.5%，纵坡统计见表1.12。

表 1.12　重庆市纵坡统计表

纵坡	纵坡≤9%	9% <纵坡≤12%	12% <纵坡≤15%	15% <纵坡≤18%	18% <纵坡≤21%	纵坡>21%	合计
坡段数（处）	374	275	157	66	47	8	927
坡段占比（%）	40.35	29.67	16.94	7.12	5.07	0.86	100
坡段累计占比（%）	40.35	70.02	86.96	94.08	99.14	100	

调查统计福建省道路 60 条，里程 200.564km，最大纵坡值 23.6%，纵坡统计见表 1.13。

表 1.13　福建省纵坡统计表

纵坡	纵坡≤9%	9% <纵坡≤12%	12% <纵坡≤15%	15% <纵坡≤18%	18% <纵坡≤21%	纵坡>21%	合计
坡段数（处）	692	149	50	53	14	9	967
坡段占比（%）	71.56	15.41	5.17	5.48	1.45	0.93	100
坡段累计占比（%）	71.56	86.97	92.12	97.62	99.07	100	

调查统计甘肃省道路 97 条，里程 852.529km，最大纵坡值 23.0%，纵坡统计见表 1.14。

表 1.14　甘肃省纵坡统计表

纵坡	纵坡≤9%	9% <纵坡≤12%	12% <纵坡≤15%	15% <纵坡≤18%	18% <纵坡≤21%	纵坡>21%	合计
坡段数（处）	2819	406	167	75	29	9	3505
坡段占比（%）	80.43	11.58	4.76	2.14	0.83	0.26	100
坡段累计占比（%）	80.43	92.01	96.77	98.91	99.74	100	

调查统计贵州省道路 90 条，里程 624.785km，最大纵坡值 21.0%，纵坡统计见表 1.15。

表 1.15　贵州省纵坡统计表

纵坡	纵坡≤9%	9%＜纵坡≤12%	12%＜纵坡≤15%	15%＜纵坡≤18%	18%＜纵坡≤21%	纵坡＞21%	合计
坡段数（处）	2848	345	97	48	17	0	3355
坡段占比（%）	84.89	10.28	2.89	1.43	0.51	0.00	100
坡段累计占比（%）	84.89	95.17	98.06	99.49	100	100	

从以上纵坡统计情况可见，目前山区农村公路最大纵坡值较大，最大纵坡也远远大于现行《公路工程技术标准》（JTG B01）10% 的规定，各地对纵坡的控制程度也不尽相同。就调研的 4 个省市来看，其中 10% 以下坡段占比为 40% ~ 85%，12% 以下坡段占比为 70% ~ 95%，15% 以下坡段占比为 87% ~98%。

山区的农村普遍不存在厂矿及规模产业，主要以农民生产、生活运输为主，山区农村公路并没有大型车辆通行需求，主要以中小型客、货车为主。以上调研地区农村公路未因纵坡大而出现事故明显增多的现象。

加拿大乡村道路对纵坡的控制见表 1.16。

表 1.16　加拿大乡村道路最大纵坡表

设计速度（km/h）	30		40		50	
地形	微丘区	山岭区	微丘区	山岭区	微丘区	山岭区
最大纵坡（%）	11	16	11	15	11	14

从表 1.16 可以看出，设计速度 15km/h 的公路，其纵坡还有进一步放大的空间，但考虑到我国车辆性能复杂，下坡连续制动能力较国外汽车普遍偏低，最大纵坡还要结合我国车辆现状来确定。

考虑到纵坡过大会对车辆下坡时、尤其是连续下坡时的制动性能带来很大影响，结合现场调研情况，目前我国农村公路绝大多数纵坡在 12% 以下，《标准》规定四级公路（Ⅰ类）、四级公路（Ⅱ类）最大纵坡为 12%，当四级公路（Ⅱ类）公路没有中型载货汽车通行需求时，经论证，在确保安全的前提下，最大纵坡可增大 2%。对于积雪冰冻地区，路面滑动摩擦系数受多种因素影响，不易准确控制，因此最大纵坡仍维持 8%。

为确保安全，对回头曲线、穿村曲线路段和错车道范围的最大纵坡也进行了相应的规定。

高原折减纵坡须考虑气压对发动机功率的影响。

1.2.9.2　应用指南

最大纵坡要考虑汽车爬坡性能、制动性能、路面的抗滑性，见图1.11。一般路段的最大纵坡是按比功率6.0kW/t的汽车所能达到的上坡坡度来确定的；对于无中型载重汽车和中型客车的四级公路（Ⅱ类），爬坡能力远大于中型载重汽车，故可提高2个百分点。

积雪冰冻地区路面摩擦系数一般介于0.05～0.4之间。

为保证安全，回头曲线、村镇路段宜按《标准》执行，见图1.12。

图1.11　大纵坡路段

图1.12　回头曲线

1.2.10　最小坡长及不同纵坡的最大坡长的设置

《标准》摘选

4.0.10　纵坡的最小坡长不应小于45m。

4.0.12　不同纵坡的最大坡长应符合表4.0.12的规定。

表4.0.12　不同纵坡的最大坡长

坡度（%）	5	6	7	8	9	10	11	12	13	14
坡长（m）	1100	900	700	500	400	300	250	200	150	100

1.2.10.1　编制说明

考虑行驶舒适性和连贯性，规定了最小坡长，从下坡安全性考虑，规定了不同坡度的最大坡长，是为了避免出现连续长陡下坡。最小坡长可参考现行《公路路线设计规范》（JTG D20），按3倍V（V为设计车速）的长度确定，以便于设计时具有可操作性。不同纵坡的最大坡长参考现行《公路路线设计规范》（JTG D20）延伸而来。

1.2.10.2 应用指南

这两个指标对于局部行车影响不大，但对于控制长大纵坡很重要。

1.2.11 缓和坡段及平均纵坡的规定

《标准》摘选
4.0.13 连续上下坡路段，在不大于表4.0.12规定的纵坡长度之间应设置缓和坡段，缓和坡段长度不应小于45m。缓和坡段纵坡不宜大于3%，特殊困难路段经论证后不应大于4%。 4.0.14 越岭路线连续上坡（或下坡）路段，一般情况下，相对高差为200～500m时平均纵坡不宜大于5.5%；相对高差大于500m时平均纵坡不宜大于5%，且任意连续3km路段的平均纵坡不宜大于5.5%。不能满足上述要求，应进行安全分析论证，并采取增设安全设施等措施。

1.2.11.1 编制说明

从表1.11稳定爬坡速度计算结果来看，汽车上坡时是可以不限制坡长的，但下坡时，如果不设置坡长限制和缓和坡段，将形成连续大纵坡，对行车安全是极其不利的。从保证下坡行车安全考虑，《标准》规定了各坡度下的最大坡长和缓和坡段的设置。各级坡度对应的最大坡长是根据现行《公路工程技术标准》（JTG B01）规定的坡长对应延伸而来。对于缓和坡段的纵坡，一般宜不大于3%，对于特殊困难路段，经论证在确保安全的前提下，可以适当加大，考虑到设计速度在40km/h以下时，4%以内的纵坡坡长不受限制，因此困难路段缓和坡段纵坡可不大于4%，并设置必要的安全措施。

由于《标准》规定的最大纵坡较《公路工程技术标准》（JTG B01—2014）发生了变化，平均纵坡的规定值也应进行相应的调整。对于连续长大下坡，本条引用《公路工程技术标准》（JTG B01—2014）规定，由原来的“应不”改为“宜不”，主要是考虑对于地形条件复杂地区，农村公路很难能达到《公路工程技术标准》（JTG B01—2014）的要求。由于《标准》适应的车辆不包含重型载货汽车，只有中型载货汽车及以下的车辆，下坡时对制动产生的磨损有所减少，而且运行速度较低，车辆出现状况时，便于及时采取措施，因此，对于非困难路段，仍需满足平均纵坡要求，对于困难路段，无法满足平均纵坡要求的，需进行必要的安全分析论证，并采取必要的措施，如设置货车停车区、增设安全设施等。

1.2.11.2　应用指南

平均纵坡限值与运行速度是相关的，现行标准、规范并没有相关规定。在条件允许时，平均纵坡不要大于5.5%；如条件不允许，建议按《商用车辆和挂车制动系统技术要求及试验方法》（GB 12676—2014）Ⅱ试验（下坡工况试验）自行计算安全的平均纵坡。安全设施包括强制停车区、加水降温区等。

1.2.12　竖曲线半径和长度的规定

《标准》摘选

4.0.15　公路纵坡变化处应设竖曲线，竖曲线最小半径和最小长度应符合表4.0.15的规定。

表4.0.15　竖曲线最小半径和最小长度

设计速度（km/h）	15
凸形竖曲线最小半径（m）	75
凹形竖曲线最小半径（m）	75
竖曲线最小长度（m）	15

1.2.12.1　编制说明

《标准》中竖曲线最小半径是指汽车在纵坡坡度变化处行驶时，为了缓和冲击和保证视距所需的最小半径的计算值。本条明确了不同设计速度下，竖曲线最小半径和最小长度。具体数值按式（1.17）计算并结合经验确定。

$$R_{\min} = \frac{V^2}{3.6} \tag{1.17}$$

式中：V——计算行车速度（km/h）。

最小竖曲线长度是以计算行车速度行驶3.5s的距离而确定的。

最小半径的计算及整理见表1.17。

表1.17　竖曲线计算表

设计速度（km/h）	20	15	10
竖曲线最小半径计算值（m）	111	63	28
竖曲线最小半径选取值（m）	100	75	50
竖曲线最小长度（m）	20	15	10

1.2.12.2 应用指南

最小竖曲线半径在受地形等特殊情况约束时方可采用。为了安全和舒适，一般采用最小半径的1.5～2.0倍的数值。

图1.13是农村公路的局部路段案例，沿线地形比较陡峻，路面平面随地形展线，沿等高线布设平面线形，有效地控制了填挖高度，减少对环境的破坏。

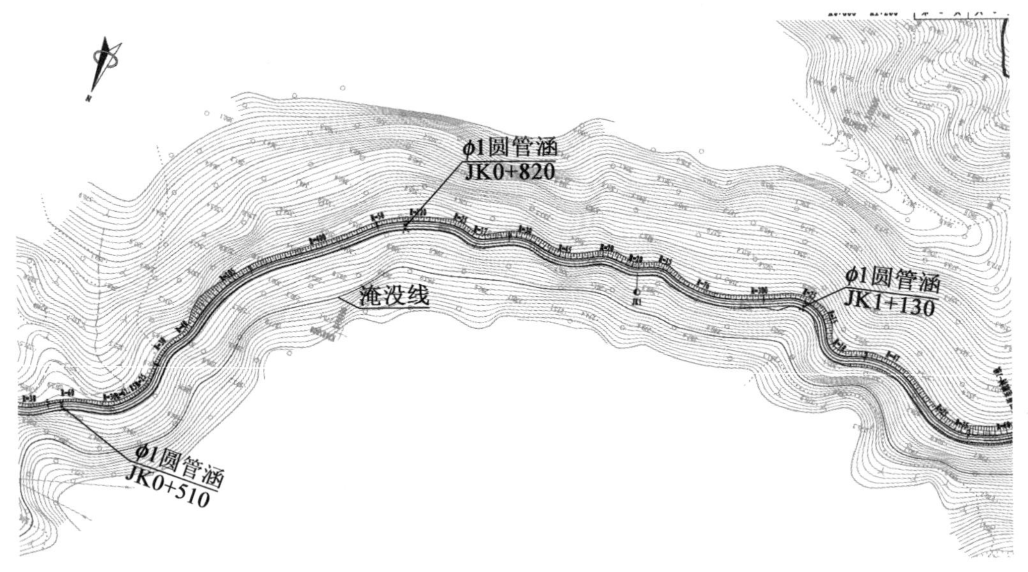

图1.13 农村公路的平面线形布设案例

第2章　路基

2.1　主要内容

本章编制内容涉及的主要问题有路基设计一般规定、路基高度、路基技术要求和原地面处理要求、路基边坡、路基防护、路基拓宽改建等，重点问题是路基填料强度要求、压实度的要求及必要的防护设施。

路基是路面的承载体，路基质量直接影响工程质量，路基必须要有足够的强度、刚度、稳定性和耐久性，应对路基填料强度、路基压实度做出明确要求。

2.2　现状问题分析

国内大多数乡道和村道是由当地的村民投工投劳修筑，施工设备比较简陋或是由于造价低而采用资质较低的施工队伍来施工，质量难以保证。目前小交通量农村公路对路基的强度及压实度没有具体规定，大部分农村公路的质量、耐久性不够，路基的沉陷和坍塌时有发生，分析其主要原因有：填料选择不当，均匀性差，压实度不足，洪水冲刷下路基整体强度降低，引起下沉；路基基底处理措施不到位，雨水渗入引起地下水位上升，自重作用下路基发生剪切破坏等。这些病害不仅对农村公路的正常交通造成影响，而且大大增加了后续的维修费用。

小交通量农村公路大部分为山区公路，由于地形条件限制，不少路段与河道并行，一面傍山，一面邻河，许多路基是半填半挖，或全部为填方，农村公路防排水设施不完善，雨季很容易发生水毁，轻则路面破损、边坡垮塌，降低公路的使用效益，重则冲毁路基、阻断交通。因此，设计时，除了对选线有一定的要求之外，对有可能遭到洪水破坏的路基，应进行可靠的防护加固，不留隐患。

农村公路山体滑坡、水毁、泥石流等自然灾害频发，抗灾能力弱，应坚持“以人为本，预防为主、避让与治理相结合”的原则，变消极被动的应急避灾为积极主动的减灾防灾，最大限度地减轻自然灾害造成的损失。

路肩在农村公路建设中具有非常重要的作用，可以起到保护行车道的作用，还可以有效防止行车道两侧雨水下渗导致路基路面破坏，为安全设施提供设置空间。当采用土路肩时必须进行培填处理，条件允许时应进行硬化处理。

2.3 解析与应用

2.3.1 路基设计的规定

《标准》摘选
5.0.1 路基设计应符合下列规定： 1 路基应具有足够的强度、稳定性和耐久性。 2 路基应设置排水设施与防护设施。 3 路基应根据当地自然条件和工程地质条件，因地制宜，统筹考虑安全、环境、土地、经济等因素，选择合理的断面形式和边坡坡度。 4 路基通过特殊地质和水文条件的路段，应结合当地实践经验，采取综合治理措施，增强公路防灾、抗灾能力。 5 路基设计洪水频率应参考当地水文要素，结合村镇发展规划、排洪、泄洪等情况综合确定，不宜低于1/15。过水路面设计洪水频率应根据容许阻断交通的时间长短和对上下游农田、乡镇、村庄的影响确定。

某沿河农村公路，由于导流及防护设施不完善，邻水路基在河流冲刷下坡脚河床泥沙被冲走，导致边坡临空，进而引起失稳而坍塌，见图2.1。

图2.1 邻河路基冲毁

2.3.2 路基处理的规定

《标准》摘选

5.0.4 原地面处理要求和路基技术要求应符合下列规定：

1 路堤基底应清理和压实。在一般土质地段，基底压实度不应小于85%（重型击实）。基底强度、稳定性不足时，应进行处理，以保证路基稳定，减少工后沉降。

2 路基填料最小承载比应符合表5.0.4-1的规定。

表5.0.4-1 路基填料最小承载比要求

路基部位	路面底面以下深度（m）	填料最小承载比（CBR）（%）
路床	0～0.30	5
	0.30～0.80	3
路堤	0.80～1.50	3
	>1.50	2

3 路基压实度应符合表5.0.4-2的规定。

表5.0.4-2 路基压实度要求

路床顶面以下深度（m）	路基压实度（%）（重型击实）
0～0.30	≥94
0～0.80	≥94
0.80～1.50	≥93
>1.50	≥90

注：特殊干旱或特殊潮湿地区的路基压实度可适当降低。

2.3.2.1 路基沉陷案例

一辆货车在行驶中道路突然塌陷，导致车辆无法通行，道路破损严重，原因是填料选择不当、均匀性差、压实度不足，洪水冲刷下路基整体强度降低，引起下沉，见图2.2。

2.3.2.2 路基冲断案例

洪水冲刷路基全幅垮塌长约150m，导致公路交通中断，见图2.3。

某通村路被冲毁，车辆无法通行，见图2.4。

图2.2　路基沉陷

图2.3　路基冲毁

图2.4　路基冲毁

第 3 章　路面

3.1　主要内容

本章涉及的主要问题有农村公路路面设计一般规定、路面类型与材料、路面典型结构、路拱坡度要求、改扩建工程路面设计原则等。重点问题是路面结构类型与材料、路面典型结构。

3.2　现状问题分析

3.2.1　现行的路面计算方法不适用

目前国内相关规范对于小交通量道路路面结构、材料、组成设计和施工工艺方面的研究和技术储备不够，缺乏针对性。现行的路面设计规范材料设计参数、轴载换算公式、设计弯沉公式、设计指标等不适于小交通量公路路面的设计。

对于大交通量道路，车辆荷载的作用是路面破坏的主导因素，在我国沥青路面和水泥混凝土路面设计中的累计当量作用轴次是重要参数，直接影响着计算所得结构层厚度。对于小交通量的农村公路，由于交通量非常小，重车比例低，车辆荷载的影响不再是主导因素，环境影响的比重更高。

3.2.2　路面结构类型单一、浪费现象严重

我国农村经济发展不平衡，地质、地形、气候条件、交通量、交通组成也千差万别，对于农村公路的研究相较于高等级公路偏少，路面结构类型相对单一。从国外小交通量农村公路的建设中可以看到，无论是发达国家还是发展中国家，农村公路多采取沥青表处等次高级路面、中级路面结构形式，而我国目前多采用水泥混凝土路面、沥青混凝土路面，均属高级路面。

3.3 解析与应用

3.3.1 路面设计的规定

《标准》摘选

6.0.1 路面设计应符合下列规定：

1 路面应具有足够的强度、稳定性和耐久性，面层应满足平整度要求。

2 应综合考虑材料、经济、养护、环境等因素合理选用路面结构形式。

6.0.3 路面结构与材料应符合下列规定：

7 预期工后沉降较大的路基，宜采用砂石路面或块体路面。

3.3.1.1 重视经济因素案例

在一些无法避让的地质灾害高风险区，根治地质灾害几乎不可能，经济上也难以负担，可选用造价较低的路面类型，以减少损失，见图3.1。

3.3.1.2 强调环境因素案例

在生态脆弱地区，不恰当的路面类型可能会对生态环境造成较大破坏。建议在选择路面类型时应充分考虑生态环境的保护。例如在草原区，宜选用碎石、块石类基层和面层，以保证道路两侧地下水系的连通，见图3.2。

图3.1 某公路泥石流将路面完全冲毁

图3.2 某草原农村公路采用碎石路面

3.3.1.3 路基沉降案例

路基沉降，造成水泥混凝土路面产生断板，修复困难，造成很大的浪费，见图3.3。在地形条件困难地区，常遇到高填方或软弱地基等情况，考虑到实际需求以及造价的制约，常用的地基处治和提高压实度的工程措施并不适用于小交通量农村公路建设，自然沉降是经济实用的选择。

因此在进行路面类型的选择与结构设计时要考虑路基可能的沉降变化过程，建议采用块类路面作为过渡，待工后沉降稳定后，重新调整标高，修建新的路面结构，见图3.4。考虑到块体路面等非整体式路面结构对变形的适应性较强，即使路基产生不均匀沉降，路面材料也不会破坏，仍可进行原地修复，因此也可直接采用，但应在养护中及时修复不均匀沉降。

图3.3　水泥混凝土路面断板

图3.4　块体路面作为过渡路面

3.3.2　路面结构与材料的规定

> **《标准》摘选**
>
> 6.0.3　路面结构与材料应符合下列规定：
>
> 8　急弯、陡坡及易积雪结冰路段，应采取措施提高路面抗滑性能。
>
> 9　急弯、长大下坡、村镇路段及视距不佳的交叉口等位置前，应设置块体路面等速度控制设施。

在地形困难地区，平纵线形指标常会采用极限值，一定程度上降低了安全水平（但仍处于允许范围），因此在急弯、陡坡路段以及高海拔、高纬度易积雪、结冰等特殊路段，建议采用碎（砾）石类、块体类等摩擦系数较高的路面，以保证道路行车安全，见图3.5。

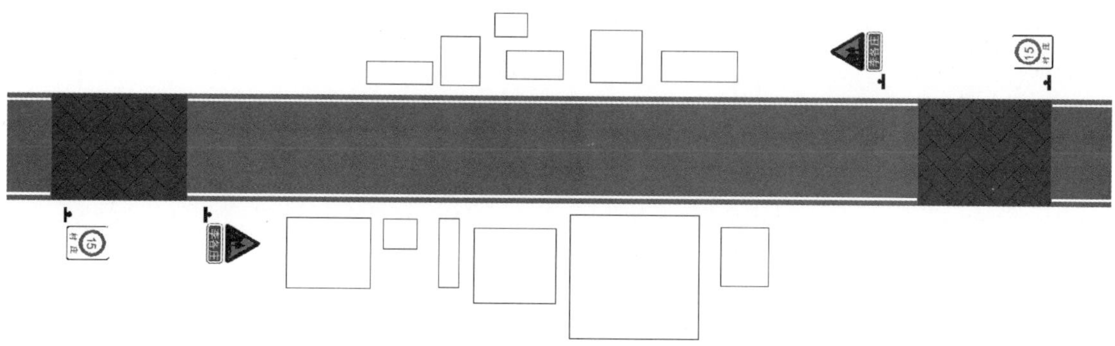

图3.5　速度控制设施布设示例

3.3.3 典型结构优先的规定

《标准》摘选
6.0.4 路面结构应优先选用当地路面典型结构。

我国幅员辽阔，各地自然条件、建筑材料来源差异较大，各地应根据区域特点、综合考虑经济发展水平、当地筑路材料、施工技术力量、养护技术力量、养护费用等，确定当地的路面典型结构。

例如：弹石路面是块体路面的一种，其优点是易于翻修、养护，投资较少，技术简单，是方便群众投工投劳的一种路面。弹石路面适宜在石料丰富的山区公路铺砌，也可在道路急弯坡地段、新建公路或在老路面上加铺，见图3.6。

图3.6 云南楚雄地区某农村公路弹石路面

《标准》贯彻了因地制宜、灵活多样的原则，在路面类型的选择上不拘泥于沥青路面、水泥混凝土路面，可根据情况选用块体路面、砂石路面或其他类型的路面。《标准》丰富了路面各结构层材料的选择，有助于规范农村公路路面设计，提高路面耐久性，节约投资，降低养护成本。

第4章　排水

4.1　主要内容

排水工程一直是农村公路的薄弱环节，为了强调其重要性，《标准》针对排水部分单独成章。明确排水设施类型和设置原则，强调农村公路排水设计，提倡排水设施和农村农田灌溉与水利设施结合，“因地制宜、就地取材”，合理设置排水设施。

4.2　现状问题分析

我国农村公路中的乡道和村道大多技术标准较低，特别是山区公路受地形气候、经济条件等因素的限制，存在排水设施设置不足、设计不尽合理、养护不善等现实情况，同时农村公路又缺少必要的基础防护措施，公路抵抗自然灾害的能力较弱。农村公路需特别重视排水设施的设计与实施，根据《标准》1.0.6规定，满足与主体工程同时设计、同时施工、同时投入使用的要求。

4.3　解析与应用

4.3.1　排水设施设计的规定

《标准》摘选
7.0.1　排水设施应符合下列规定： 1　应综合设计、合理布局，与沿线构造物通畅衔接，注重与自然水系和农田水利设施相结合，注重环境保护，防止水土流失。

某农村公路路线全长30.5km，路基宽度0.5+4.5+0.5=5.5（m），该路已设置与未设置排水设施路段的路域环境差别明显。图4.1为通自然村道路的

梯形边沟，尺寸为30cm底宽+30cm高+60cm顶宽，效果较好，为当地推荐采用的边沟类型。图4.2为未设边沟的状况图，已出现水土流失。

图4.1　梯形边沟效果较好

图4.2　未设置边沟出现水土流失

河南省宁陵县是“四好农村路”全国示范县，该县辖区农村公路修整后的边坡、边沟兼具防护及排水功能，还实现了田路分离，见图4.3。土质路肩埋管式集中排水，迅速排除路面积水，提升路面耐久性，见图4.4。

图4.3　边坡边沟典型示范

图4.4　土质路肩埋管式集中排水

4.3.2　排水设施形式的规定

《标准》摘选

7.0.1　排水设施应符合下列规定：

2　应注重与村镇排水设施衔接。

3　应根据沿线气象、地形、地质、水文等自然条件进行设计，宜结合当地材料及经济情况选择合理形式。

图4.5和图4.6是公路排水设施与村镇排水设施衔接的典型示范。

排水设施应就地取材，利于养护，如重庆市綦江区盛产卵石，采用卵石边沟，不仅可降低工程造价，还便于养护，见图4.7。

混凝土边沟滑模机施工非常方便，还可以节约土地、降低投入，见图4.8。

图4.5　排水设施总体规划

图4.6　排水设施有效衔接

图4.7　卵石边沟

图4.8　混凝土边沟滑模机

4.3.3　排水设施尺寸的规定

《标准》摘选
7.0.1　排水设施应符合下列规定： 4　排水设施尺寸应考虑降水量、汇水面积、地形特点等计算确定，村镇路段排水设施尺寸确定时应充分考虑清淤和通畅的需求。

根据调研结果，农村公路村镇路段排水不畅等问题较为突出，严重影响了村民出行和路面耐久性，见图4.9。过村镇路段在排水设施设置时应充分考虑现实需求，加强和村镇现有排水管网的衔接，同时在设计计算排水设施尺寸时，考虑便于清理和维护的需求，适当加大尺寸，宜选择盖板边沟、暗埋式边沟等形式，并实现路宅分离，见图4.10。

图 4.9　排水不畅造成出行困难

图 4.10　盖板边沟

4.3.4　排水设施横断面形式的规定

《标准》摘选

7.0.2　边沟、排水沟应符合下列规定：

2　边沟、排水沟可采用图 7.0.2 所示的浅碟形、三角形、矩形等横断面形式。地形平缓的低填浅挖路段宜采用浅碟形、三角形等形式；土质边沟可采用天然弧线形横断面。

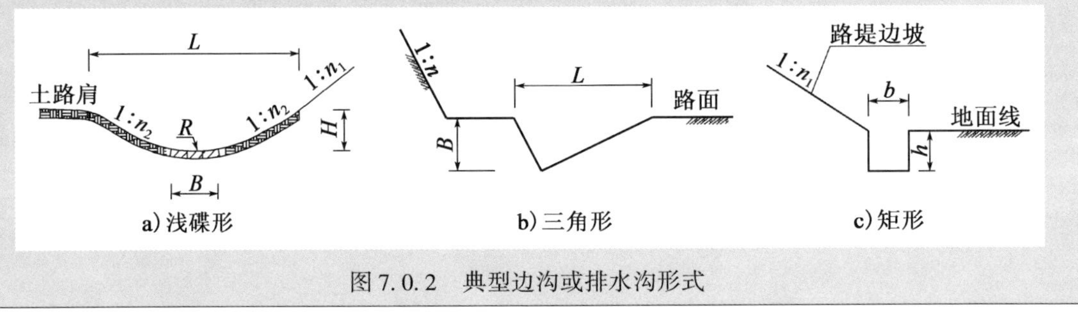

图 7.0.2　典型边沟或排水沟形式

排水设施要以行车安全为目的，对于路基较窄的农村公路，建议尺寸尽量小，以宽浅为宜，建议采用浅碟形（图 4.11、图 4.12）、三角形等形式。若排水设施尺寸过大，事故车辆容易在排水沟“趴窝”，存在安全隐患，见图 4.13。

图 4.11　浅碟形卵石边沟

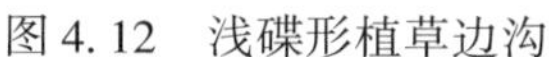
图 4.12　浅碟形植草边沟

图 4.13　车辆排水沟“趴窝”

4.3.5　排水设施横断面形式的规定

《标准》摘选
7.0.5　设置过水路面时，路面下宜设置涵洞，两侧应设置防护设施。

设置过水路面时，路面下宜设置涵洞，此种形式为混合式过水路面，其优点是成本低，既可解决通畅问题，又可解决排水问题，既有经济效益，又有社会效益，见图 4.14。

图 4.14　混合式过水路面

第5章　桥涵

5.1　主要内容

根据农村公路现场调研及既有标准、规范体系的研究，结合小交通量农村公路桥涵的特点，《标准》第8章对提高桥涵抗灾能力提出了具体要求；对荷载等级标准作出了规定；规定了涵洞及小型排水构造物的洪水频率要求；对于单车道农村公路桥梁宽度作出了规定；提出了桥梁设计纵坡坡度要求。小交通量农村公路桥涵设计的其他技术指标基本与现行《公路工程技术标准》（JTG B01）四级公路桥涵的技术指标一致。

5.2　现状问题分析

目前农村公路桥涵存在的问题主要包括：部分农村公路桥涵抗灾能力较差；桥涵设计采用的荷载等级标准不统一，部分农村公路桥涵承载能力不足；涵洞及小型排水构造物设计采用的洪水频率偏低，造成雨季水毁；单车道农村公路桥梁宽度标准不一，桥梁与路基过渡不合理。

5.3　解析与应用

5.3.1　桥涵抗灾能力的规定

《标准》摘选
8.0.1　桥涵设计应符合下列规定： 5　桥涵设置应充分考虑地质、水文、通航等条件，合理确定桥梁规模、基础形式及埋置深度，加强桥涵结构及桥头引道路基的防护，提高抗冲刷、抗水毁能力。

根据2018年进行的农村公路水毁情况调研，部分农村公路桥涵由于建设

资金、技术力量等问题，抗水毁能力较差。

某公路在2018年雨季洪水过后桥梁水毁，其中图5.1所示为桥梁基础被洪水破坏，图5.2所示为桥头引道路基被掏空。因此，小交通量农村公路桥梁设计中必须合理确定桥梁基础形式及埋置深度，加强桥涵结构及桥头引道路基的防护，以提高桥涵的抗灾能力。

图5.1　桥梁基础水毁图

图5.2　桥头引道路基水毁图

5.3.2　桥涵设计荷载等级的规定

《标准》摘选

8.0.2　桥涵设计的汽车荷载等级不应低于公路—Ⅱ级。

8.0.3　设置人行道的桥梁应计入人群荷载，并应符合下列规定：

1　桥梁计算跨径小于或等于50m时，人群荷载标准值为3.0kN/m^2；桥梁计算跨径大于或等于150m时，人群荷载标准值为2.5kN/m^2；桥梁计算跨径大于50m、小于150m时，可由线性内插得到人群荷载标准值。

2　非机动车、行人密集的桥梁，人群荷载标准值应为上述标准值的1.15倍。

5.3.2.1　编制说明

不同时期四级公路桥涵的设计荷载要求不同，88版及97版《公路工程技术标准》要求为汽车—10级；2003版《公路工程技术标准》要求为公路—Ⅱ级，四级公路重型车辆少时，其桥涵设计可采用公路—Ⅱ级车道荷载效应的0.8倍，车辆荷载效应可采用0.7倍；2014版《公路工程技术标准》要求为公路—Ⅱ级。近年来，结合“四好农村路”的要求，农村公路建设中对桥梁荷载能力较为重视，要求较高，设计荷载基本满足公路—Ⅱ级要求。

《标准》规定桥涵设计的汽车荷载等级采用公路—Ⅱ级，主要依据为：

①农村公路虽然重型车辆较少，但其往往为进入村、镇的唯一通道，由于农村建设和经济发展的需要，也有较重车辆的通行需求。②农村公路桥涵工程规模较小，桥涵比例一般很低，汽车荷载对公路总造价的影响相对较小，在公路—Ⅱ级荷载基础上再降低汽车荷载标准对工程总造价的影响及其有限。③实际应用中，农村公路桥涵设计时往往直接套用公路—Ⅱ级的标准图或通用图，很少在公路—Ⅱ级汽车荷载标准的基础上再折减。④各省农村公路建设地方标准基本采用公路—Ⅱ级。⑤全国问卷调查关于“农村公路等外路是否限制通行的车型”有效问卷180份，“不限制”的123份，占比68.3%，设置限制标志进行限制的36份，占比20.0%，设置物理设施进行限制的14份，占比7.8%，部分不限制、部分设置物理设施进行限制的1份，占比0.6%，部分设置限制标志进行限制、部分设置物理设施进行限制的6份，占比3.3%。⑥未来农村公路升级改造为四级公路时，已建桥梁不会因荷载等级较低而不能直接利用，可避免工程浪费。

设置人行道的桥梁，人群荷载标准与现行《公路工程技术标准》（JTG B01）规定一致。

5.3.2.2 应用案例

重庆市云阳县村道双龙路，连接双龙村办至盘龙路，设计速度一般路段为15km/h，受限路段为10km/h，平均路基宽度5.25m。桥涵设计荷载采用公路—Ⅱ级，采用的荷载等级合理。

5.3.3 涵洞及小型排水构造物设计洪水频率的规定

《标准》摘选

8.0.6 桥涵的设计洪水频率应符合下列规定：

1 大中桥设计洪水频率按1/50。

2 小桥设计洪水频率按1/25。

3 涵洞及小型排水构造物设计洪水频率应参考当地水文要素，结合村镇发展规划、排洪、泄洪等情况综合确定，不宜低于1/15。

4 漫水桥的设计洪水频率，应根据容许阻断交通的程度和时间长短，桥梁结构形式，水文情况，引道条件和对上、下游农田、村镇的影响等因素确定。

5.3.3.1 编制说明

《标准》关于大、中、小桥设计洪水频率的规定值，同现行《公路工程技术标准》（JTG B01）中四级公路一致，对涵洞及小型排水构造物设计洪水频率进行了补充规定，并给出了漫水桥的设计洪水频率的选择原则。明确涵洞及小型排水构造物设计洪水频率，有利于提高涵洞及小型排水构造物抗水毁能力及使用寿命。

5.3.3.2 应用案例

根据2018年农村公路水毁调查，6月底至7月初，甘肃省定西市安定区桥梁水毁20座，涵洞水毁49道；四川省桥梁水毁96座、涵洞水毁1153道。大部分水毁桥涵原因是防洪频率偏低。图5.3为某农村公路上，涵洞因设计洪水频率偏低，加之涵洞进出口设施不完善，水流淘空基础等，最终导致水毁。

图5.3　某公路涵洞水毁图

5.3.4 桥梁宽度的规定

《标准》摘选
8.0.7　桥面净空应符合本标准关于公路建筑限界的规定，并应符合下列规定： 1　不设置人行道的四级公路（Ⅱ类）桥面净宽不应小于4.5m。 2　路、桥不同宽度间应顺适过渡。 3　桥上设置的各种管线、安全设施等不得侵入公路建筑限界。

5.3.4.1 编制说明

中、小桥和涵洞一般与路基同宽。考虑到桥梁是永久建筑，对不设置人行道的四级公路（Ⅱ类），为便于行人避让车辆，《标准》作出相关规定。有条件的地区根据情况可选择修建双车道桥梁。

5.3.4.2 应用案例

重庆市云阳县泥溪镇村道方万路，位于泥溪镇鱼鳞村，起于方家湾，止于万州界，路线长12km，于2017年1月完工并投入使用，见图5.4。其主要技术指标：设计速度为15km/h，局部路段限速10km/h；路基平均宽度4.5m，桥梁处路基宽度5.3m。净宽4.5m，采用的桥梁宽度值合理。

图5.4 云阳县泥溪镇村道方万路桥梁实景图

5.3.5 桥梁纵坡的规定

《标准》摘选
8.0.9 桥梁及其引道的平、纵、横技术指标应与路线总体布设相协调，并应符合下列规定： 1 大中桥上纵坡不宜大于4%，桥头引道纵坡不宜大于6%；小桥处纵坡应随路线纵坡设计，且不得大于9%。 2 对于易结冰、积雪的桥梁，桥上纵坡宜适当减小。 3 位于村镇混合交通繁忙处的桥梁，桥上纵坡和桥头引道纵坡均不得大于3%。 4 桥头两端引道的线形应与桥梁的线形相匹配。

5.3.5.1 编制说明

桥上纵坡的规定主要从桥梁结构受力和构造方面考虑，而引道上纵坡则主要考虑行车方面的要求。调研发现，农村公路建设中对桥梁建设较为重视，桥上纵坡基本能满足现行标准及规范要求，但山区农村公路桥头引道纵坡较难保证，一定范围内存在超出标准要求情况。本次《标准》制定时，考虑现状及使用情况，将桥头引道纵坡提高为6%，该指标调整不控制桥梁结构设计。

5.3.5.2　应用案例

根据五省市农村公路现场调研，大、中桥梁数量很少，桥梁纵坡坡度均不大于4%，满足《公路路线设计规范》（JTG D20—2017）关于大、中桥梁纵坡坡度的规定。

第 6 章　隧道

6.1　主要内容

《标准》第 9 章明确规定小交通量农村公路隧道一般采用双车道，其中四级公路（Ⅰ类）应采用双车道，四级公路（Ⅱ类）隧道宜采用双车道。受经济条件限制时，四级公路（Ⅱ类）隧道可采用单车道。双车道隧道设计应执行现行《公路工程技术标准》（JTG B01）四级公路隧道的规定。

由于之前已颁布执行的公路行业标准体系中没有单车道隧道标准，《标准》第 9 章重点对单车道隧道的技术指标进行了规定，包括单车道隧道总体设计原则，单车道隧道长度及平、纵面指标，单车道隧道洞门及衬砌设计，单车道隧道照明设计，单车道隧道交通安全设计及隧道改扩建设计。

6.2　现状问题分析

目前农村公路单车道隧道存在的问题主要包括：部分单车道隧道平面线形不合理，两隧道口之间不能通视，当两辆对向行驶的车辆在洞内相遇时，其中一辆车必须在隧道中倒车至洞口，以便错车；部分单车道隧道纵面线形不合理，因采用了平坡导致雨季隧道积水；隧道断面组成不合理，有的净高不足，有的净宽不足；隧道洞门及衬砌结构不合理；隧道交通安全设施不完善。

6.3　解析与应用

6.3.1　单车道隧道长度的规定

《标准》摘选
9.0.1　隧道设计应符合下列规定： 5　四级公路（Ⅱ类）隧道宜采用双车道。条件受限时，可采用单车道，长度不应大于500m。

6.3.1.1　编制说明

《公路工程技术标准》（JTG B01—2014）规定，短隧道长度为500m及以下。2003版《公路工程技术标准》条文说明7.0.2，长度500m以下的公路隧道一般采用自然通风方式。现场测试结果表明，长度不大于500m的直线隧道，位于隧道口的车辆可以清晰地看到另一隧道口进入隧道的车辆，以及在隧道中对向行驶的车辆。根据五省市单车道隧道统计数据分析，长度500m及其以下的隧道占比为91.52%。因此，《标准》规定，单车道隧道长度不应大于500m。

6.3.1.2　应用案例

松树岭隧道位于河北省蔚县X417县道，道路连接西合营乡与大河南乡，需翻越松树岭。道路技术等级为单车道四级公路，从松树岭两侧展线上山，快到山顶时设置500m长的松树岭隧道。隧道平面为直线，纵断面为平坡。隧道线位示意见图6.1。

图6.1　松树岭隧道线位示意图

本项目特点是交通量小，隧道两侧路线高差大，回头弯多，且为单车道。

综合项目地形条件、交通量及建设标准等因素分析，设置隧道非常合理。采用单车道断面可以满足交通量需求，隧道口之间可以通视，可以保证行车安全。自1979年建成通车以来，隧道内未发生过交通事故。

6.3.2　隧道平、纵面指标的规定

《标准》摘选

9.0.3　单车道隧道路线平、纵面技术指标应符合下列规定：

1　两隧道口之间应保证通视，平面线形宜采用直线。

2　纵坡不应小于0.3%，不宜大于3%，困难路段不宜大于4%，但短于100m的隧道可不受此限制。

3　隧道内的纵坡宜设置为单向坡。

6.3.2.1 编制说明

隧道的平、纵面线形应根据地质、地形、路线走向、通风等因素确定。新建单车道隧道为了保证两隧道口之间的通视条件，并利于照明、通风及排水，必须采取合理的平、纵面技术指标，以保证行车安全。

6.3.2.2 应用案例

大岭后隧道位于河北省顺平县村道 C243，连接顺神线至安子。隧道为单车道，长 350m。

路线平面采用直线，线形合理，但纵断面采用了平坡，导致雨季洞内积水，如图 6.2 所示。因此，《标准》规定“纵坡不应小于 0.3%”。

图 6.2 大岭后隧道入口段积水图

6.3.3 隧道建筑限界的规定

《标准》摘选

9.0.2 隧道建筑限界应符合本标准第 3.5.1 条的规定，在建筑限界内不得有任何部件侵入。隧道建筑限界基本宽度应符合表 9.0.2 规定，并应符合下列规定：

1 建筑限界高度 H 应为 4.5m。

2 路面横坡宜采用 1.5%。

3 单车道隧道路面横坡应为单向坡，建筑限界底边线应与路面重合。

表 9.0.2 隧道建筑限界横断面组成最小宽度

公路等级	设计速度（km/h）	行车道宽度 W（m）	侧向宽（m）		余宽 C（m）	人行道宽度 R（m）	断面净宽（m）	
			左侧 $L_{左}$	右侧 $L_{右}$			不设人行道	设人行道
四级公路（Ⅱ类）	15	3.50	0.25	0.25	0.25	0.75	4.50	5.50

不设置检修道或人行道的单车道隧道，其净宽由车道宽度 W、侧向宽度 L（由 $L_{左}$ 和 $L_{右}$ 构成）及余宽 C 组成，隧道净高采用4.5m。单车道农村公路设计速度采用15km/h，车道宽 W 采用3.50m，参照《公路隧道设计规范》（JTG D70—2004），$L_{左}$、$L_{右}$及 C 均取0.25m，则不设置人行道时隧道净宽为4.5m，设置人行道时其宽度为0.75m并可不设置 C 值，隧道净宽为5.5m。单车道隧道衬砌可采用直墙式或曲墙式，不设置人行道时隧道内轮廓可参考图6.3。

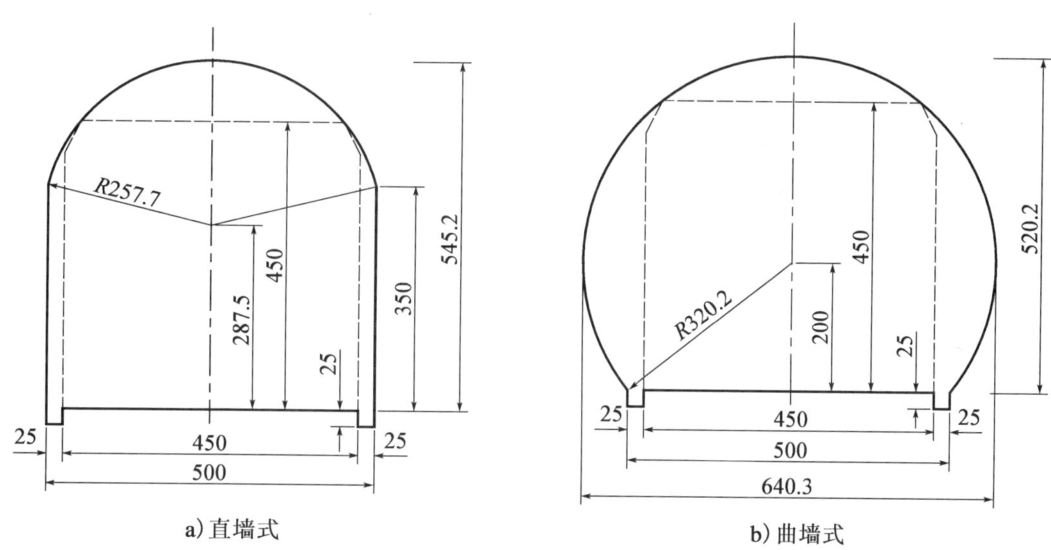

图6.3　单车道隧道净宽4.5m标准内轮廓断面（尺寸单位：cm）

6.3.4　隧道洞门的规定

《标准》摘选
9.0.4　洞门及衬砌结构设计应符合下列规定： 1　应根据隧道进出口地形及地质条件，结合环境保护，合理选择洞门结构形式。

隧道洞门一般采用端墙式、台阶式或削竹式，地形地质条件复杂时可选择翼墙式、柱式或喇叭式。

6.3.5　衬砌结构设计的规定

《标准》摘选
9.0.4　洞门及衬砌结构设计应符合下列规定：

> 3 Ⅰ、Ⅱ级围岩的单车道隧道，洞身段可不进行衬砌，但应喷射水泥砂浆作为保护层，必要时辅以局部锚杆支护。洞口段10m应进行衬砌，并应设置洞门。

6.3.5.1 编制说明

根据2017年公路统计年报数据，各省农村公路单车道隧道均有全部或局部不衬砌的隧道。

《公路隧道设计规范》（JTG D70—2004）规定了围岩分级及支护要求：Ⅰ级围岩跨度20m，可长期稳定，偶有掉块，无塌方；Ⅱ级围岩跨度10m，可长期稳定，偶有掉块。根据使用经验，结合现场调研成果，《标准》规定：Ⅰ、Ⅱ级围岩单车道隧道，围岩自承能力可以保证隧道安全，洞身段可不进行衬砌。为防止围岩风化产生落石，不衬砌段落应喷射水泥砂浆作为保护层，必要时辅以局部锚杆支护。由于隧道进出口段工程地质条件一般较洞身段差，隧道洞门应与隧道洞口段10m衬砌同时完成。

6.3.5.2 应用案例

陈坑隧道位于浙江省永嘉县村道C001330324，连接山黄线至陈坑村。道路技术等级为四级公路，4.5m宽水泥混凝土路面。隧道为单车道，长420m。

隧道洞身段拱部为水泥砂浆支护，边墙为毛洞，如图6.4所示。现场调研结果表明，隧道支护方式合理，既经济又能保证安全。隧道自2001年建成通车后，未见落石、掉块导致的伤车、伤人事故。

图6.4 陈坑隧道洞身段

6.3.6 单车道隧道照明设计的规定

《标准》摘选
9.0.1　隧道设计应符合下列规定： 10　有条件时隧道可设置照明，并选择经济、合理的照明及供电方式。

6.3.6.1 编制说明

综合农村公路交通量小、建设及维护资金缺乏等因素，农村公路隧道可不设置照明，但有条件时可设置照明。宜采用声控 LED 灯等较为经济的照明方式。供电方式应结合项目所在地气候条件，采用外接电源或太阳能板供电。在阴、雨、雪天少的西北部等地区，应鼓励采用太阳能板发电为隧道照明供电，以充分利用可再生能源。

6.3.6.2 应用案例

强麦路一隧隧道位于甘肃省兰州市白银区村道 C039620402，连接强湾村至麦地沟，道路技术等级为四级公路。隧道为单车道，长 428m。

隧道采用声控 LED 灯照明，太阳能板供电。

隧道照明及太阳能供电现场实景见图 6.5。现场调研表明，供电方式采用了非常适合当地气象条件的太阳能，符合行业绿色公路建设战略，照明节能效果好。

a）声控LED灯照明

b）太阳能板供电

图 6.5　强麦路一隧隧道照明及太阳能供电图

6.3.7 单车道隧道交通安全设计的规定

《标准》摘选
9.0.1　隧道设计应符合下列规定： 10　未设置照明的隧道应设置视线诱导设施。

9.0.7 单车道隧道口应设置停车让行、禁止洞内错车的警告标志。

6.3.7.1 编制说明

单车道隧道现场调研表明，长度不大于500m的直线隧道，位于隧道口的车辆可以清晰地看到从另一隧道口进入隧道的车辆，以及在隧道中对向行驶的车辆。车辆驾驶员可以选择在隧道口进行错车，避免在洞内错车，以保证行车安全。在隧道两端洞口设置错车道，并设置停车让行、禁止洞内错车的警告标志。

6.3.7.2 应用案例

际下隧道位于浙江省龙泉市村道C28133118，连接53省道141.7K至际下村，道路技术等级为四级公路。隧道为单车道，长度760m。隧道内未设置照明，但设置了反光诱导标志，效果见图6.6。隧道自2005年建成通车后，无交通事故发生。

图6.6 隧道内反光诱导标志效果图

6.3.8 隧道改扩建设计的规定

《标准》摘选

9.0.6 隧道改扩建应结合地形、地质、路线总体、既有隧道现状等，进行增建与改扩建方案的比选。

6.3.8.1 编制说明

增建隧道是指维持既有隧道继续运营，待新建隧道完工后取代原有隧道或与原有隧道一并投入运营。既有隧道扩建是指既有隧道净空及技术状态已无法满足交通需求，需进行原位改造建设。原有隧道改造是指对既有隧道进行必要的维修加固，包括对既有毛洞加筑衬砌及洞门等。改扩建工程应做好方案比选。

隧道改扩建时，应做好改扩建交通组织方案设计，优先选择封闭交通、车辆绕行的交通组织方案。

6.3.8.2　应用案例

闻江寺隧道位于贵州省黔南州新巴至贵定三级公路。既有隧道为1949年建成通车的单车道隧道，长320m。现场调研时改扩建工程已基本完成，方式为原位改扩建。改扩建后隧道标准为对向双车道，净宽10.5m，净高5m。闻江寺隧道原位改建两隧道洞口见图6.7。

a)隧道进口

b)隧道出口

图6.7　闻江寺隧道原位改建图

小峰坎隧道位于贵州省遵义市省道S101，道路连接贵阳至狮溪。原有公路等级为四级公路，隧道长度553m。该隧道为1989年建成通车的单车道隧道。现场调研时已完成改扩建，方式为移位改扩建，改扩建后隧道标准为对向双车道。原隧道已弃置。小峰坎隧道改建线位示意见图6.8。

图6.8　小峰坎隧道改建线位示意图

第7章　交通安全设施

7.1　主要内容

交通安全设施是公路的重要组成部分，对于发挥公路功能、保障行车安全有非常重要的作用，本章遵循“以人为本、预防为主、因地制宜、系统设计、重点突出、保障安全”的原则，主要基于自然条件、经济条件、环境条件、道路使用者和交通量的构成，对小交通量常用交通安全设施，即交通标志、交通标线、护栏、视线诱导设施和凸面镜、限高（宽）架等交通安全设施的设置提出了要求。

7.2　现状问题分析

我国幅员辽阔，各地的地质、地形和气候等自然环境差异很大。我国县域经济发展不平衡、不充分的问题突出，各地的交通量和交通组成也千差万别。目前，我国对小交通量农村公路安全设施的相关研究较少，没有形成各种条件下进行针对性设置的成套解决方案。

在调研中发现，小交通量农村公路的安全设施在工程实践中存在三个问题。一是公路建设以通为主，设置安全设施未能与主体工程“三同时”，即同时设计、同时施工、同时投入使用，而是根据公路通车后的交通量等情况再补充设置安全设施。二是设置的交通安全设施不能满足现行标准和规范的要求，存在设计或施工不规范的情况。三是设置的原则和规模不合理，存在过度设置或者缺失等现象。

7.3　解析与应用

7.3.1　一般规定

《标准》摘选
11.1.2　交通安全设施建设规模和标准应在交通安全综合分析的基础上

确定，优先设置主动引导设施，根据需要设置被动防护设施。

研究表明：产生道路交通事故的原因中，95%的交通事故与人的因素有关；约28%的交通事故和道路环境因素有关；约8%的交通事故与车辆因素有关。三个因素中的不利条件组合起来，就容易导致交通事故的发生。因此，从预防交通事故发生的角度，要积极消除三个因素中的不利条件，以“人”为参考标准，通过良好的道路设计使其能适应于人的能力极限；通过先进的技术使车辆能简化驾驶员的工作任务，并尽可能高效地保护弱势人员；道路使用者要受到适当的教育、能获取必要的信息、能有效控制自己的行为。

安全设施具有四类适用功能，即主动引导、被动防护、全时保障、隔离封闭。对于小交通量农村公路，主动引导和全时保障可以起到预防事故作用，被动防护的合理设置可以降低事故的严重程度。安全设施作为公路交通环境的一部分，可以通过加强主动引导、完善路侧宽容设计、适度设置防护设施等措施消除公路交通环境中的部分不利因素，为提高公路交通安全水平发挥自己的作用。对于小交通量农村公路，根据公路的功能、交通量、交通组成、运营条件等因素，结合四级公路（Ⅰ类）、四级公路（Ⅱ类）自然条件、服务对象的特点，有针对性地进行交通安全设施设计。优先设置主动引导设施，降低交通事故的发生概率；根据需要设置合适的被动防护设施，降低事故严重程度。

如图7.1所示，道路路侧环境条件良好，设置护栏不但增加了障碍物，而且不利于行人、非机动车躲避机动车，属过度防护。

图7.1　过度防护

7.3.2 速度控制设施的规定

《标准》摘选
11.1.4 应根据需要设置速度控制设施。

速度控制设施是指提示驾驶员控制速度或限制行驶速度的设施，包括限速标志、建议速度标志、块体路面（图7.2）、减速标线（图7.3）、路面限速标记（图7.4）或减速垄（丘）等。在村镇路段、学校路段、长下坡前、连续弯道前后等路段，根据需要设置速度控制设施提示驾驶员按照安全的速度通过。

图7.2 块石路面

图7.3 减速振动标线

图7.4 地面限速标记

7.3.3 交通标志设置的规定

《标准》摘选
11.2.1 交通标志设置应符合下列规定： 1 交通标志应满足现行《道路交通标志和标线》（GB 5768）对标志颜色、图案和形状的要求。

2　交通标志设置应总体布局、突出重点、合理设置。

3　急弯、陡坡、连续弯道、村镇、学校、隧道等路段应根据需求设置相应的交通标志。

4　四级公路（Ⅰ类）、四级公路（Ⅱ类）与三级及以上公路交叉的非灯控平交口，应在四级公路（Ⅰ类）、四级公路（Ⅱ类）上设置停车让行标志。

四级公路（Ⅰ类）、四级公路（Ⅱ类）大多属于公路网的末端，多以较熟悉道路特征的本地驾驶员为服务对象，因此要综合考虑交通量、交通组成、设计速度、气象和环境因素，根据公路在路网中的功能和驾驶员的行为特征设置必要的交通标志，合理控制设置规模。标志的设置也要满足现行《道路交通标志和标线》（GB 5768）的要求，如禁止标志应在辅助标志上方，因此图7.5属于设置错误。

图7.5　交通标志设置错误案例

《标准》规定的圆曲线一般最小半径值与《公路工程技术标准》（JTG B01—2014）四级路一致，因此急弯路标志设置按《道路交通标志和标线》（GB 5768—2009）执行，即圆曲线半径小于20m时按需设置；《标准》规定一般路段的最大纵坡值较现行《公路工程技术标准》（JTG B01—2014）中设计速度20km/h的四级路增大了3%，参照现行《道路交通标志和标线》（GB 5768—2009）对陡坡标志的要求，当一般路段纵坡坡度大于10%时，根据现场条件设置陡坡标志。

7.3.4 交通标志结构形式及材料的规定

《标准》摘选
11.2.2 交通标志结构形式及标志材料应符合下列规定： 1 交通标志结构形式宜采用单柱式。 2 交通标志可采用非金属材料或再生材料。 3 在满足视认性时，交通标志可利用路侧山体岩石、木板、砖砌体等结构设置。

综合考虑四级公路（Ⅰ类）、四级公路（Ⅱ类）特点和工程造价，标志结构主要采用单柱式（图7.6），设置时需要注意不要被树木等固定物遮挡，柱式标志设置在挖方段或边坡斜率缓于1∶1的边坡上，如行车方向右侧无法设置，在不影响标志视认性的条件下可在行车方向左侧合适位置设置。

图7.6 单柱式

木质结构、玻璃钢（图7.7）、高纤维材料等非金属材料（图7.8）都可以用在小型交通标志上。非金属材料不仅可以降低工程造价，而且较传统金属材料具有刚性低、易解体的优点。当车辆发生碰撞标志结构的事故时，非金属材料的交通标志对车辆及驾驶员的损伤较小。

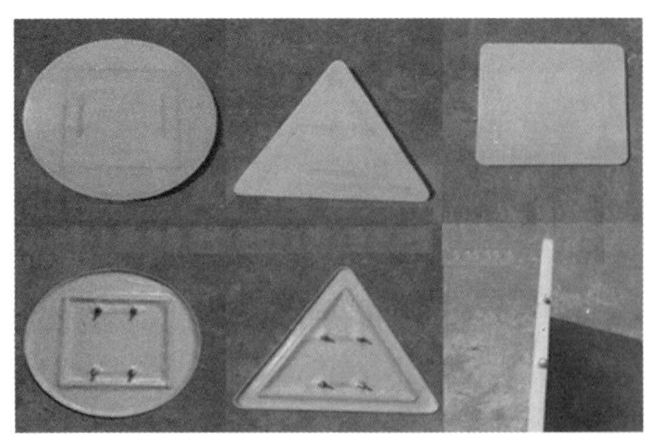

图7.7 玻璃钢标志牌

图7.8 非金属材料标志牌

在满足视认条件下，小交通量公路的交通标志结构是可以多样化的，如附着在路侧的岩石（图 7.9）、砌体、行道树上。在路面情况较好时，小交通量农村公路还可以将标志以路面标记的形式设置在路面上，见图 7.10。

图 7.9　附着在路侧岩石上的标志

图 7.10　路面标记

7.3.5　交通标线的规定

《标准》摘选

11.3.2　车行道分界线的设置应符合下列规定：

1　四级公路（Ⅰ类）应施划车行道分界线。

2　四级公路（Ⅰ类）可跨越对向车行道分界线为单黄虚线；不能满足超车视距要求的路段，隧道、大桥、村镇路段，平面交叉驶入段等路段应施划单黄实线。

11.3.3　车行道边缘线的设置应符合下列规定：

1　四级公路（Ⅰ类）、四级公路（Ⅱ类）的隧道、窄桥、路面宽度发生变化的路段、采用本标准极限最小半径的平曲线段、村镇及学校等路段，及其上下游 30m 内应施划车行道边缘线。

2　四级公路（Ⅰ类）、四级公路（Ⅱ类）的其他路段可施划车行道边缘线。

3　在出入口、交叉口及停靠站点等允许车辆跨越边缘线的地方，可设置车行道边缘虚线。

11.3.4　跨线桥墩柱立面、隧道洞口侧墙端面、限高限宽设施及其他障碍物立面上宜设置立面标记。

标线可以向公路使用者传递有关公路交通的规则、警告、指引等信息，是重要的交通控制措施，合理设置标线可以保障公路交通的安全。

标线相对其他安全设施具有以下优点：一是标线一般在驾驶员的自然视线内，利用标线传递公路交通信息不会过多地分散驾驶员的注意力；二是利用标线可以沿公路行驶方向不间断地提供公路交通信息，而且成本较低；三是标线可以在不增加行车障碍的条件下清晰地提示驾驶员何处应该采取控制动作或者何处开始实施交通控制措施。但其也有一定的缺点，如磨损需要定期养护、积水或积雪时作用受很大影响、不反光的标线材料在夜间或视距不良条件下难以发挥作用等。尽管标线有其运用上的局限性，但是其在交通控制方面的重要性是无法替代的。调研发现，标线对规范驾驶员驾驶行为、夜间的提示和诱导都起到了不可替代的作用，设置了标线的农村公路，其安全性尤其是夜间安全性得到了一定的提升，见图 7.11 ~ 图 7.13。在需要提示驾驶员注意路线变化以及路侧较危险的路段，适当增加车道边缘线的宽度效果更好。

图 7.11　仅设置车行道分界线

图 7.12　车行道边缘线 + 分界线

图 7.13　仅设置车行道边缘线

7.3.6　护栏的规定

《标准》摘选
11.4.1　选取护栏形式时，应考虑护栏的建设成本和养护成本。
11.4.2　桥梁段应设置护栏，防护等级不应低于二（B）级。

11.4.3 行车道外侧 3m 内有下列情况时，应设置护栏，防护等级不应低于一（C）级：

1 深度 30m 以上的悬崖、深谷、深沟等的路段；

2 江、河、湖、海、沼泽等水深 1.5m 以上水域；

3 小半径曲线外侧 3m 内或填方段坡底有居民房屋的路段。

11.4.4 行车道外侧 3m 内有下列情况时，宜设置护栏，防护等级不应低于一（C）级：

1 边坡坡度陡于 1:1，且填方大于 4m 的路段；

2 急弯或连续下坡路段小半径曲线外侧，且填方大于 4m 的路段。

护栏也是障碍物的一种，只有设置护栏后，较驶出路外车辆的事故后果更轻，才考虑设置护栏，如桥梁段、江河段等（见图 7.14、图 7.15）。设置护栏需要投入工程经费，对于小交通量，同时车速不高的农村公路，设置护栏可能是不经济的。

图 7.14 护栏缺失案例（一）

图 7.15 护栏缺失案例（二）

澳大利亚的路侧设计手册明确给出：在交通量低、速度受道路线形影响（如山区），并且在道路净区内连续存在潜在的安全隐患的路段，如果按手册要求需要连续设置价格高昂的护栏，对于现实来说是不合理的。

挪威的路侧设计手册规定：①限速≤60km/h 及年平均日交通量 AADT≤12000pcu/d；②限速≥70km/h 及年平均日交通量 AADT≤1500pcu/d，护栏等级选用 N1（碰撞能量为 43.3kJ）。

美国的《路侧设计指南》（2011 版）建议，平均小时交通量小于等于 400pcu/h 时，对于 1:1.5 边坡，填土高度高于 15m 才考虑是否设置护栏。

对于四级公路（Ⅰ类）、四级公路（Ⅱ类），宜具体分析经济性确定设置护栏或设置诱导和警示的措施。如采取护栏，也需要合理选取设置防护设施的路段及防撞设施的防护形式和防护等级，并考虑养护成本，综合考虑道路条件、建设成本、养护成本等条件，合理选用波形梁护栏、混凝土护栏（图7.16）、缆索护栏（图7.17）和其他满足《公路护栏安全性能评价标准》（JTG B05-01—2013）要求的护栏形式。

图7.16　混凝土护栏

图7.17　缆索护栏

对于四级公路（Ⅰ类）、四级公路（Ⅱ类），《公路护栏安全性能评价标准》（JTG B05-01—2015）增加的一（C）级是比较经济适用的。对于车辆驶出路外的情况，除了造成车辆损失、人员伤亡外，还对其他交通、生产活动产生严重危害时才考虑采用二（B）级。

7.3.7　视线诱导设施的规定

《标准》摘选
11.4.5　除本标准第11.4.2、11.4.3、11.4.4条规定以外的路段，可根据需要设置示警桩、示警墩等视线诱导设施，也可在路侧植树、堆土或设置砌块等。

对于路侧存在一定危险因素的路段，如浅沟、过水、视线不良等路段，达不到《标准》第11.4.2~11.4.4条的护栏设置要求时，护栏不是必需的，通过设置视线诱导设施中的示警桩（图7.18）或示警墩（图7.19）能有效提升安全性、改善路侧环境，见图7.20。调研中也有一些省份在这类路段的路侧通过植树（图7.21）、堆土或者设置砌块，起到诱导、警示的作用。这些做法一般要通过验证，并设置在距离行车道3m以外的位置。

图 7.18　示警桩

图 7.19　示警墩

图 7.20　拓宽土路肩 + 示警桩改善路侧环境

图 7.21　植树

7.3.8　护栏设置位置的规定

《标准》摘选

11.4.6　护栏的设置位置应符合下列规定：

1　路侧护栏宜设置在路肩上，可设置在等于或缓于 1:6 的边坡上。路肩宽度不足，且边坡陡于 1:4 时，应对路肩进行加宽。

2　特殊情况下，也可设置于坡度在 1:4 ~ 1:6 的边坡上，设置时应保持护栏在路面以上的高度不变，护栏迎撞面与路肩外边缘间水平距离应小于 0.75m，并应保证护栏结构外侧的土压力，护栏迎撞面前的边坡应平整、没有突起部分。

当根据《标准》第 11.4.2 ~ 11.4.4 条要求需要设置路侧护栏时，路侧护栏要设置在建筑限界以外，四级公路（Ⅰ类）、四级公路（Ⅱ类）的侧向宽度为路肩宽度减去 0.25m。四级公路（Ⅰ类）路肩宽度采用最小值 0.25m 时，路肩都在建筑限界内，无路肩可供设置护栏时，加宽路基至满足护栏设置需求或将护栏设置于缓边坡上。四级公路（Ⅱ类）路肩宽度采用最小值0.5m时，有0.25m的路肩在建筑限界外，如该宽度不能满足护栏设置需求，需加宽路基至满足护栏设置需求或将护栏设置于缓边坡上。护栏设置案例见图7.22～图7.24。

图7.22　加宽路基设置护栏合理案例

图7.23　护栏设置于缓边坡上合理案例

图7.24　护栏设置宽度不足案例

7.3.9　视线诱导设施材料的规定

《标准》摘选
11.5.4　示警桩可采用非金属材料或再生材料。示警墩可采用浆砌块石、片石，混凝土，也可就地取材。

公路视线诱导设施属于主动引导设施，对公路沿线的路线走向、构造物、平面交叉的分布等进行主动告知，尤其通过粘贴或喷涂逆反射材料，在夜间对驾驶员进行引导，是效益投资比较高的设施。在设置各类视线诱导设施时，要注意相互协调、避免相互影响，在条件允许时，可以适当增加设置。对于材料的

使用，可以更灵活，如示警墩除采用浆砌块石、片石（图 7.25）和混凝土外，还有钢丝笼（图 7.26）、沥青桶（图 7.27）、废旧轮胎组合等多种简易做法。

图 7.25　片石

图 7.26　钢丝笼

图 7.27　沥青桶

7.3.10　其他安全设施的规定

《标准》摘选
11.6.2　可根据需要设置限制高度、限制宽度设施，结构应满足消防等应急通行的需要，应配套设置交通标志及立面标记。

限高（宽）架的设置要考虑到消防、救援等应急的需求，并且要用立面标记标识出立柱，避免碰撞，见图 7.28。

7.3.11　积雪标杆的规定

《标准》摘选

11.6.3 积雪影响公路行车安全的路段，可设置积雪标杆。

对于部分高寒山区，有需要时可设置积雪标杆，见图 7.29。

图 7.28 限高架

图 7.29 积雪标杆